suncolor

給青少年的
線上自主學習全攻略

中學生高分讀書法

全科滿級分
自律學習的秘方！

葉一／著　張翡臻／譯

suncolor 三采文化

推薦序 用對方法，你也可以成為學霸！

臺中市立霧峰國中校長、《國中生子彈筆記考試法》作者 謝龍卿

有人說，生命如同一根火柴，只有磨礪才會迸出燦爛火花。也有人說，如果人生旅程沒有障礙，那人活著豈不無趣；擁有逆境，便擁有一次創造奇蹟的機會。所以，如果考試成績不佳算是逆境，那恭喜你，只要找到方法、用對技巧，你也可以創造奇蹟，成為人生勝利組的學霸。

台灣的學習環境在世界各國比較算是前段班的，但就是升學壓力大了一些。國中升高中要教育會考，高中升大學要學測或統測，還有分科測驗，面對重大升學考試的殘酷比拚，我相信每個中學生都希望擁有如「吸星大法」一樣的內力修為，將別人的武功化為己有，讓考試成績卓越非凡。

學習方法很多，但卻沒有一種方法可以適用於所有人。因此，唯有透過自我學習，找到適合自己的方法，才能帶著旺盛的好奇心展開學習。我記得高中學習國文「中國小說流變史」的時候，本人正迷著《六才子書》之一的《西廂記》。

書中主角張君瑞與崔鶯鶯在普救寺偶遇，互相吟詩作對而產生愛慕之情，那場景美極了，那種敢於碰撞封建禮教與婚姻制度的人物性格色彩鮮明，很吸引人。

唯一可惜的是結局的「大團圓」整個弱掉，讓讀者的悲情想像徹底幻滅。當時圖書館裡能找到的《西廂記》大多是王實甫的版本，經過一再請教國文老師，不斷抽絲剝繭的結果，才發現原來《西廂記》最早取材於唐代詩人元稹所寫的傳奇《會真記》（又名《鶯鶯傳》），經過朝代的演變與劇作家的潤飾，才有今天的版本。沒想到經過自己主動發問深入推敲之後，發現這麼多令人振奮的細節，這種積極求知的學習態度所帶來的神奇效果，當時我才明白。

傳奇故事的精采在於人物的刻劃與劇情的轉折，人生故事的精彩在於主動查找資料，讓你心裏面的疑惑帶著你去探索事實的真相，這才是「自主學習」，也是真正的學習。學問知識的追求本就該窮理、格物、盡性，在不疑處有疑，才是真疑。

現在網路資訊發達，要查找任何資料易如反掌。雖然方便，但建議你一定要養成「盡信之不如無之」的思考習慣，尤其網路資料不設限，也少有審查機制，正確性較為不足。但是，只要你懷抱著追根究柢的學習精神，打破砂鍋問到底，這種解答自己內心疑惑、追求永恆真理的過程，是無比的滿足與成就。

有感於台灣的教育現場，各科老師忙於教學，無暇兼顧學習策略的教導，於是我寫了《國中生子彈筆記考試法》一書，方便中學生在自主學習過程，可以學到一些「撇步」。書本暢銷熱賣之後，許多人都稱呼我為「學霸校長」，讓我有些愧不敢當。

我從小到大沒有補習過課業，連才藝表演或樂器演奏都是自學而來。我喜歡自學，因為自主學習的過程中，我全然可以決定學什麼、何時學、如何學，以及我要學到什麼程度，自由度超高，成就感也超好。

然而可惜的是，在國內書市以親身經驗介紹自主學習的書籍闕如，家長與學生即使有心自學也無所適從。幸好長期關注教育學習的三采文化適時推出新書《中學生高分讀書法》，恰如天降甘霖，滋潤所有學習者乾涸的心田。

本書蟬聯日本亞馬遜暢銷榜，作者youtube頻道更是破180萬人次訂閱，瀏覽數超過六億次。書中介紹「看YouTube學習的秘訣」不但新穎有趣，而且方法獨特，最是讓我印象深刻。拜讀全書之後，驚喜這是一本介紹考試技巧與自主學習的好書，非常值得推薦，更是每個關心孩子學習的父母、教育現場的老師，以及所有中學生都該擁有一本的隨身工具書。
因此，誠摯將本書推薦給你……！

前言 看我的教學影片拿高分！

教育型Youtuber 葉一

■ 書讀得不好，是讀書方法出了問題

常有人問我：「人為什麼一定要讀書呢？」

「讀書是能證明付出與回報成正比的最快方法喔！」

我通常會這麼回答。

社團活動和讀書都是國中生活的重心。賣力參加社團活動當然也能得到回報，但太矮的人無論是打籃球還是打排球，都需要付出加倍的努力，容易感受到先天條件的差異，時不時就會碰壁。

反觀讀書，就算不是天資異稟，考試依然能拿高分，爭取更好的成績。而且學習成果還會反映在國中畢業後的人生上，成為一段極為珍貴的成功經驗。

我曾經是補習班講師及家庭教師，目前在Youtube發布教學影片。在這段教

學生涯中，接觸過的學生們讓我深深感受到，為讀書付出的努力絕對不會白費。

■ 不需要花大錢也能學習

希望大家都能掌握在家讀書的**「在家學習力」**。此能力將大幅影響同學們的未來的學習能力與自我管理能力。

2020年3月，新冠肺炎疫情升溫，日本全面停課，在家學習瞬時成為眾所矚目的焦點。但從不同著眼點來看，在家學習原本就是非常重要的學習手段。

並不是只有繳交月費參加遠距教學課程，或到知名補習班上課，才稱得上學習。

儘管有研究結果指出「家庭收入差距會導致教育落差」，但在現在這個時代，學生們都可以利用我的教學影片等免費資源，而且現在有很多人樂於在網路上分享自己的讀書秘訣。

善用多方資源，掌握能靠在家學習獲得成果的能力後，**就算不花一毛錢，同樣能考到理想的成績。**如此一來，不僅能把往返補習班的時間拿來多看一點書，還能自由分配最適合自己的學習時間。

最重要的是，**當我們在家讀書時，會自然而然地保持自主學習的態度，主動決定學習內容。**

不同於「被迫讀書」的被動式學習，**在家學習能大幅提升吸收能力**。

當然，想在不受任何人指使的狀態下，獨自一人展開學習，勢必得先熬過一段摸索期。

等找到結合自身特性及生活模式的讀書方法後，將會如虎添翼。用對一次方法，即能得到豐碩的成果，因此能激發動力，幫助自己快樂學習。

■ 供人免費學習的教學影片，絕對值得一試

利用網路資源學習被視為新冠肺炎防疫對策的一環，因而成了眾所矚目的焦點。我經營的頻道《某個男人試著教課》（とある男が授業をしてみた）的訂閱人數，在２０２０年３月到５月間急速飆漲，現已突破１８０萬人，累積觀看次

數超過6億次（截至2022年11月）。

我曾接受各大媒體採訪，應該有些國中生跟家長是從訪談認識我的吧？

《某個男人試著教課》的目標觀眾是我當年在補習班教課時，實際遇到的不擅長讀書的孩子。

我拍影片的初衷是希望「幫助這些孩子們」，因此，我的影片內容完全依照學校教科書的進度走。

我沒有專挑一般人感興趣的單元介紹，而是**完整解說整本國中教科書。我想也只有在我的頻道，才能看到如此完整的教學影片吧！**

也因為如此，老實說我以為「具備一定學習能力的孩子，不會來看我的影片」。

沒想到，不只不擅長讀書的孩子，連聰明的孩子也成了我的觀眾，這讓我相當訝異。

其中甚至有偏差值超過70的孩子，更有「學校老師建議報考東大」的孩子。

「原來大家都懂得取捨，知道什麼對自己來說才是必要啊！」這些孩子們也為我上了一課。

趁現在掌握在家學習，培養未來的助力

學習的意思是「學會新的事情」。也代表**「提升自己的知識量」**。我們能透過日常生活學習獲得新知，這些新知都有機會在未來「豐富自己的人生」。

有些大人會後悔「如果當初認真一點就好了」，但我從沒遇過後悔「早知道就不要讀書了」的大人。大家都不願留下遺憾，希望人生愈充實愈好。

為此，趁國中階段認真讀書，比什麼都來得重要。

國中生正處於鞏固人生地基的重要時期、對學習忐忑不安，本書針對這個族群，介紹筆者認為最重要的在家學習法，帶領同學們尋找最適合自己的讀書方法。

我會在第7章詳細說明該如何有效利用我的頻道《某個男人試著教課》。本章內容應該為大家指引一些方向，請務必一讀。

本書最後有特別為國中生獨一無二的後盾——家長設計的章節。在現在這個階段，父母親能為孩子做什麼，又該怎麼做呢？本章可望成為家長們做決定時的

參考依據。

為學習所苦的國中生們，若能在本書的幫助下突破難關，安排更充實的國中生活計畫，我會非常開心。

第1章

找到適合自己的「讀書方法」

第2章

「讀書計畫」擬定法

第3章

學校不會教的「考試對策」

第4章

透過「習慣內化」，與別人拉出距離

第5章

培養不輸人的「專注力」

第6章

把「動力與自信」化為自己的力量

第7章

充分利用網路影片自學的技巧

第8章

家有國中生的家長，必須知道的事情

封面設計 山之口正和＋沢田幸平（OKIKATA）
內文插畫 高柳浩太郎
版面設計 富永三紗子

能從各章節學到的能力

本書各篇章的篇幅為2～4頁，可以從頭依序讀起，也可以從有興趣的章節開始讀。

第1章 找到適合自己的讀書法

讀了書卻無法拿高分，是還沒有找到適合自己的讀書方法。那要怎麼找到適合自己的讀書方法呢？本章會幫大家解答，同時介紹NG的讀書方法。

第2章 最佳計畫設定法

想提升學習能力、拿到目標分數，必須先設定縝密的計畫。不過，在家讀書時沒人會幫忙制定計畫，只能靠自己想辦法。雖然難度很高，但這樣設定計畫的過程也是在家讀書的樂趣之一。本章會一步步帶領大家前進。

第3章 應考技巧

傳授達成目標所需的具體技巧，段考和升學考都適用。哪些地方容易成為考點、要怎麼解題等，對考試對策沒把握的人務必一讀。

第4章 讀書習慣內化

不同於學校和補習班，在家讀書時沒人從旁督促，只能靠自己養成讀書習慣。該養成的不光是在家讀書的習慣，還包括在學校聽課的方式和寫筆記的方式。常言道：「持續便是力量。」

第5章 培養專注力

就連大人也經常會在工作時分心，更何況是對任何事物都充滿好奇的國中生，培養專注力真的非常困難。本章要介紹的是，在不受到第三者監視的房間裡，獨自一人專心學習的訣竅跟適當的休息方式。

第6章 養出讀書的自信與動力

多數國中生對自己沒信心，建立自信的最快方法是「認真學習後看到成果」的「成功體驗」。那要怎樣才能獲得成功體驗呢？心情沮喪、提不起勁時該怎麼做才好呢？本章教大家激發出「想繼續加油」的動力。

第7章 看 Youtube 學習的秘訣

基本上大家在家讀書時，都可以盡情利用網路上的教學影片。本章為不曉得該如何利用影片的人，以及正準備收看影片的人，提供最有效率的基本利用方法。

第8章

國中生家長須知

本章是我寫給家長的建議，希望家長從旁協助國中生在家讀書。同學們請務必讓父母親過目。國中生在讀了本章後，或許也能理解父母的煩惱，明白父母平時對自己開不了口的想法。

第 1 章

找到適合自己的「讀書方法」

要怎樣才能讀好書呢？
解決大家的疑難雜症，
找到適合自己的讀書方法！

如何找到讀書方法

01

為什麼要加強在家學習力呢？

▼培養主動學習的能力，將來也能受益無窮

■不是待在家裡讀書就沒事了

獨立安排在家讀書的計畫，培養「在家學習力」，為什麼這麼重要呢？在家學習力不但會影響下次考試的分數，**還是攸關未來的重要能力**。「擁有在家學習力的人」等於是**在家讀書能讀出成果的人**。

當然，單純待在家裡讀書，並不代表是「擁有在家學習力的人」。學習成果必須反映在成績上，或在高中升學考展現出來，才稱得上「擁有在家學習力」。

■ 有助於未來的自我管理、協調適應能力

能靠在家學習得到結果的人跟得不到結果的人，有什麼差別呢？細節部分後面會再詳細說明，個人認為最大的差別既非學習方法，也非設定計畫的方式，而是**「是否具備自我協調、適應、調整的能力」**。

只會按照他人指示的學習內容依樣畫葫蘆，絕對得不到此能力。靠在家學習拿高分的重點，是在找出明確的學習目的後，尋找能達成該目的、適合自己的學習方式，並依照自己的生活習慣及優缺點進行調整。不是像機器人一樣做著被指派的工作，而是在沒人交待的情況下，依然會主動尋找最佳解法，提升工作成果的人——

為了成為這樣的大人，培養在家學習力的每個環節都不能馬虎。

02

為什麼讀了書還無法拿高分呢？

▼不曉得適合自己的讀書方法，自以為「懂得解題」

■背記方法不見得全都適合自己

「明明很認真讀書，卻拿不了高分！」有這種煩惱的人，通常是用了不適合自己的讀書方法。

長期下來，恐怕會陷入惡性循環，自暴自棄地認為「自己讀再多書都沒用」，導致成績愈來愈差。

其中一個讀書方法是「背記」。背記的方法有很多，**每個人適合的方法都不同。**我也曾為此吃盡苦頭。

我是屬於背書速度快的類型。大家也許會質疑：「那你根本用不著吃苦頭。」但其實我有一個弱點，就是背得快，忘得也快。這個弱點導致我的考試成績遲遲無法進步。

我在補習班教課時，也遇過跟我同樣類型的學生。我們都擅長短期記憶，不擅長長期記憶。對此弱點毫無自覺的人，背過一次就以為自己過目不忘。

人類都是健忘的生物

我們不是電腦，腦內沒有類似「保存」按鍵的功能。常有人默背一次就以為自己「背熟了」，殊不知根本沒有形成記憶保存下來。考試當下想不起來，背了也是白背。

為了避免如此，**我們必須調整心態，不是「有背就好」，而是要「想辦法熟記背下來的內容」**。

舉例來說，我們可以逐步掌握自己的特性，知道自己「要背多久、重複背多少次才能牢牢記住」。

■「知道」和「會解題」完全是兩回事

基本上，「無法展現學習成果」的人，通常是學習後「自以為已經懂了」的人。**「知道」跟「理解」、「會解題」完全是兩回事**。

聽老師講課後，覺得受益良多，殊不知準確來說，可能只是「自以為已經懂了」罷了，1小時後回頭做同樣的問題，搞不好根本解不出來。

這類型的同學有兩大特徵：

特徵①：喜歡一直做新的習題

明明讀書讀得很認真，卻老愛一股腦地往前衝刺，認為「勇往直前才是正道」。然而，不管衝得再快，若沒有牢記每個細節，就像把水倒進濾網一樣，永遠都漏個不停，「明明做了一大堆習題，考試時卻一頭霧水！」

為了避免如此，**我們必須仔細確認，是否真的能靠自己「解開」寫過一次的問題。**

光是「知道」還得不到成果

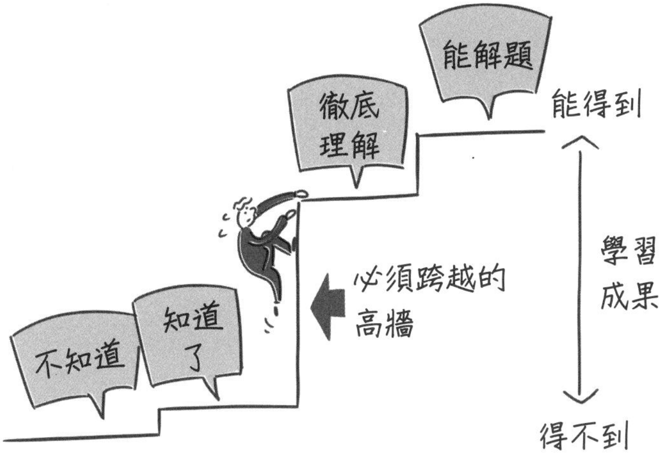

特徵②：對完答案就結束學習

對完答案後，若已經「徹底理解」並「能靠自己解開問題」，那我也無話可說，但多數人都只是畫上○×，就「自以為已經搞懂」。

我們**必須反覆解題**，直到「能靠自己解決該問題」為止。

收穫學習成果的重點並非「知道」，而是「徹底理解」和「能靠自己解題」。懂得辨別其中的差異，讀書方法和得到的結果也將隨之改變。

03

找不到讀書方法時該怎麼辦呢？

▼別把注意力放在「辦不到的事情」上，而是要重視「辦得到的事情」

■自我肯定感低落的國中生們

我從不擅長讀書的孩子們的身上，發現一個嚴重的問題：認同自己的**「自我肯定感（喜歡自己、認同自身存在價值的感情）非常低落**。

這些人就算想在家讀書，也會質疑自己「這樣讀真的沒問題嗎？」對自己做的決定毫無信心。

過去在補習班教書時，我曾要求學生：「給你們5分鐘的時間，寫出自己的優點和缺點。」結果大家洋洋灑灑寫了一大堆缺點，有些人連一個優點都寫不出來。

而且很多人寫的「缺點」甚至會讓人不禁懷疑：「這算是缺點嗎？」正在閱

讀這本書的你，又是如何呢？

■ 最重要的是把優點發揮在學習上

很多人認為自己的缺點是「記憶力不好」、「無法專心」，但大家在做自己喜歡的事情時（例如玩線上遊戲）又是如何呢？一下子就能把武器名稱、指令輸入法和攻略方式背得滾瓜爛熟，玩到廢寢忘食。想必人人都有類似的經驗。沒錯，**每個人都具備記憶力跟專注力。**

為了找到最適合自己的學習方法，「不否定自己的缺點」和「正視自己的優點」都是非常重要的關鍵。

舉例來說，若你認為自己跟我一樣不擅長長期記憶，只擅長短期記憶，講難聽一點，這是一種「健忘」，但其實你只要腳踏實地反覆背記，記憶自然會深植在大腦中，想忘也忘不了（具體方法請參考98頁）。玩線上遊戲玩到手指可以自動反應的同學們，應該能理解我說的話吧？

別把注意力放在辦不到的事情上，集中精神面對能力可及的事情，決定讀書的方法，才有機會拿高分。

04

大家都是如何找到合適的讀書方法的呢？

▼模仿已經成功的朋友使用的方法

■我們很難從零開始設計出適合自己的讀書方法

成績遲遲不見起色的同學，有必要重新審視正在使用的讀書方法。

不過，**讀書方法並沒有正確答案**。若真有正確答案，只要乖乖照做，每個人的成績都能突飛猛進。可惜，世界上沒有這麼簡單的事。

再說，雖然用「讀書方法」來統稱，但從左頁的分類表可以看出，讀書方法的種類和目的各有不同。由此可知，讀書方法多不勝數，若你想一網打盡（找來所有相關方法）全部試一遍，只是在浪費時間而已。

那該怎麼做才好呢？

多不勝數的讀書方法……你需要的是哪種？

各科目的讀書方法

國數英社理各科的讀書方法

背記型科目的讀書方法

背年號、英文單字、元素符號等讀書方法

理解型科目的讀書方法

方程式、國文閱讀題、英文長文閱讀題等讀書方法

用特殊設備或文具等進行輔助的學習方法

用手機、平板、電腦、錄音機、藍筆等進行輔助的讀書方法

各等級的學習方法

克服弱項、以達平均分為目標、設定志願校等讀書方法

適合段考的讀書方法

適合大考的讀書方法

提升動力的讀書方法

軟硬兼施、描繪出明確的夢想、假想崇拜對象等讀書方法

以有效率的計畫設定法為基礎的讀書方法

短期計畫、中期計畫、長期計畫等讀書方法

符合生活習慣及個人特性的讀書方法

晨型人、夜型人、以社團為重的社團咖的讀書方法

■先從「模仿」朋友開始

我會建議大家進行「模仿」。

「模仿」的意思是仿效他人學習。把模仿來的成果調整成適合自己的狀態。不光是讀書方法，無論想培養任何能力，模仿都是重要的步驟。

最快的方法是**模仿「懂得讀書的朋友」的讀書方法**。遇到不懂的問題直接詢問朋友，吸收效果肯定更好。

當然，除了朋友以外，我們也可以詢問學校老師、父母、兄弟姊妹或親戚。

「我每次都在這裡卡關，你是怎麼突破的呢？」請坦率地直接詢問。

「被人詢問」會讓人對自己更有自信，沒人會心生不悅。由於在教別人的同時，自己也等於重新複習了一次，因此，被詢問的人也會更熟悉學習內容，有利無弊（↓詳見117頁）。

提問的人在得到答案後，不能就此心滿意足，必須立刻身體力行。很多事情都得從體驗中學習，請先展開行動。

從零開始設計出適合自己的讀書方法，其實相當不容易。

學習方法要從「摸仿」開始

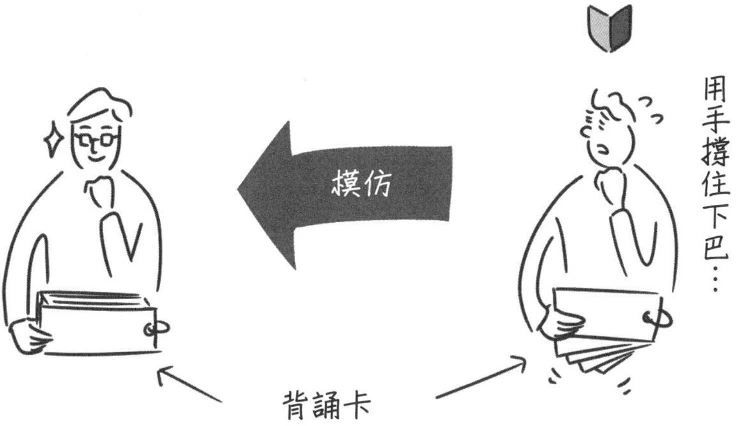

不過，**若能從他人已經獲得成果的讀書方法中，汲取適合自己的方法，模仿並適當調整，可望輕鬆設計出有效的讀書方法。**

舉例來說：我們能以計畫設定法、各科目學習法、各考試學習法為基礎，重新調整其內容。

本書設計的章節能帶領讀者全面掌握讀書方法，閱讀時別忘了這點。

這段**「調整到適合自己的狀態」的創造過程，無疑是在家學習最有趣的地方**。

05

決定讀書方法後一定要完全遵守嗎？

▼無論採用何種讀書方法，都要調整成適合自己的狀態

■別畏懼親手調整讀書方法

就像前面提到的，仿效與學習的「模仿」，還包括「調整」的環節。無論這個讀書方法在你心中有多完美，也別畏懼改變，將之調整到適合自己的狀態。

當有人要你「這麼做」時，你會在心中畫出一條「做」與「不做」的明確界線。學生特別容易有這樣的傾向，我也曾是如此。

也許是因為國小階段養成了老師怎麼說就怎麼讀的習慣，升上國中後還沒改掉。

我兒子現在是小學生，每次老師指派「把這個唸5次」等回家作業時，我都

會擅自調整內容，先讓兒子唸1次後，跟他說：「好！接下來正式開始。如果你能唸得好，我們就可以結束了！」比起乖乖聽老師話重複唸5次，用這種方法他會唸得更專心。

讀書方法沒有正確解答。**就算有人推薦你「超棒的讀書方法」，你也沒必要照單全收**，本書介紹的讀書方法也不例外。別忘了這點，繼續看下去。

■這個讀書方法是否有一絲可行性

俗話說：「持續就是力量。」嘗試新的讀書方法時，也有可能要持續一段時間後，才能判定成效。

我常告誡學生：**「嘗試新的讀書方法時，至少要先維持1週。」**「1週」這個時間並沒有科學根據，是我一路陪伴無數國中生學習後，得到的結論。

畢竟只維持1、2天，恐怕很難看見成效。

這跟談戀愛差不多。跟打從心底認定「無法接受」的人交往實在太痛苦，不如早點分手。

不過，若產生「我還不瞭解他，說不定他也有不錯的地方」的念頭，對對方抱有一絲期待，請務必試著交往1週。

做出最終決定主要有兩大條件：

- 是否不會對時間、行動、金錢造成負擔，能持續下去呢？
- 是否能得到成果呢？或自行調整後是否能得到成果呢？

在1週的試用期中，若發現「這樣調整也許更適合自己」，請務必試著調整。調整後若親身感受到效果，將會產生動力，愈來愈樂在其中。

同樣持續1週的時間，肌力訓練和減重也許還看不到明顯的效果，但學習已經會展現成效。

凡事總要嘗試，先認真維持1週就對了。

新讀書方法先試著維持1週

06

習題和參考書，哪個比較好呢？

▼到書店實際翻閱，憑主觀感覺決定

■不要過信他人的推薦和書評

雖說用學校的教科書和習作就已經能充分學習，但若覺得自己游刃有餘，光靠這些教材還無法滿足，不妨好好把握這股動力，額外添購習題或參考書。

「怎樣的習題比較好呢？」「你有推薦的參考書嗎？」學生常問我類似的問題。**請不要連翻都沒翻，就衝動購買某位名人大力推薦或佳評如潮的習題、參考書。**

光憑評價選書，容易選到不適合自己的書，使你在學習過程中，感受到「這不是我想要的」。

■ 實體書店比網路書店更好

比起網路書店，我更推薦大家到實體書店選購，因為實體書店能實際翻閱，更容易找到適合自己的教材。

書店裡的漫畫和雜誌通常會用塑膠套包住，但參考書和習題則會直接擺在架上，稍微翻一下就能確認內容。請在親眼確認內容後，選擇**讓你覺得「有意願用這本書進行學習」的教材**。

其實書店賣的習題和參考書基本上都是好書，內容都編寫得相當完善。同樣道理，**也最好不要使用父母擅自決定的教材**。務必藉此機會培養自主決定的能力。

親手挑選的習題或參考書，會讓我們自然而然地湧出一股親切感。正因為有這段親自參與的過程，我們才有辦法獲得能持之以恆使用的教材。

07

哪些是NG的讀書方法呢？

▼在不知不覺間淪為制式化「作業」

■學習一旦淪為「作業」

就像前面提到的，每種讀書方法都經過精心設計，找到適合自己的方法將如魚得水（↓詳見38頁）。不過，我個人也有不推薦的讀書方法。

首先是**「自製英文單字本」**。此方法看似成效絕佳，實行的人也很多，但市面上早已有販售高品質的英文單字本，何苦耗費大量的時間和精力親手製作。

而且我們在製作單字本時，通常會刻意把字體寫得比平常更工整，彷彿在進行制式化作業，對學習沒有太大的幫助。歷經千辛萬苦完成的單字本，固然能為我們帶來滿足感，但恐怕派不太上用場。

此外，**「寫10次背下來」**的讀書方法，也容易使學習淪為制式化作業。強迫自己寫10次，寫到最後就只是在重複做同樣的事情而已。

與其如此，不如改成「只寫2次背下來」的方式，先寫一次後，再寫一次就停筆。兩次都用心書寫，自然容易牢牢記住。

■ 也有些同學已經誤入「藝術」的領域

有些同學習慣**「回家後重新謄寫上課時做的筆記」**，這同樣是浪費時間的制式化作業。

最近很多學校會要求學生提交筆記，有些同學想把筆記整理得漂漂亮亮，但這種行為已經超越制式作業的範圍，達到「藝術」的領域。從頭到尾重新抄寫一遍，等於要花費兩倍的時間。

這1個小時是「讀書」的時間呢？還是謄寫筆記的「藝術作業」時間呢？**靜下心來想想，應該不難想通，哪種時間才能真正幫助到成績。**

專欄

1

葉一也在聽的深夜廣播節目

高中時，我為了提神，經常邊聽深夜廣播節目邊讀書。雖然聽的時候學習效率不佳，但我能利用這段時間好好放鬆。

參加社團活動筋疲力盡的日子，或是精神不濟、覺得「今天一定要聽廣播才撐得下去」的日子，都可以隨時聽廣播。

就算已經安排好讀書行程，一旦出現「今天已經撐不下去了」的念頭，我就會毫無顧忌地狂聽廣播節目。有時在聽到心滿意足後，反而會燃起一股「想再讀一遍」的動力。

獨自苦讀時，難免會需要療癒。此時請不要勉強自己，適度放鬆，重新出發！

第 2 章

「讀書計畫」擬定法

「好！來讀書吧！」空有一股幹勁，
橫衝直撞毫無效率。
先來設定高效率的讀書計畫吧！

計畫擬定法

01

安排考試讀書計畫的訣竅有哪些？

▼像培訓自己一樣設定計畫

■重點是要明確指出計畫目的

考試拿高分的最有效方法是設定完善的讀書計畫。這就像是在**親手培訓自己，找出「能幫自己加分」的方法**。

不過，若計畫太過草率，失敗也在所難免。請參考左頁的5個問題，冷靜地依序分析自身能力後，制定合理的讀書計畫。

若即將迎接段考，就複習段考的出題範圍；若想為大考做準備，可能要同時達成兩個目標，也就是在複習段考範圍的同時做考古題。

跟尋找讀書方法一樣，我們也必須逐漸摸索出適合自己的計畫設定方法。

設定讀書計畫時要找出 5 個「？」的答案

1 **讀書是為了段考還是大考？**

讀書是為了段考，還是為了大考呢？目的不同，讀書方法和計畫設定法也完全不同。

2 **考試日期是何時？**

明天、1 週後、半個月後、1 個月後……考試日期不同，每天的讀書時間和讀書方法也完全不同。

3 **目標分數是幾分？**

想拿平均分？想在不拿手的科目拿高分？想要全科目都拿 90 分以上？各目標分數該用的策略都不同，若沒有具體的目標，胡亂讀一通，效率會非常差。

4 **要讀那些內容、重心要如何安排，才能達成目標？**

為了有效達成目標，刻意放棄某些單元，或著重於不拿手的科目等。請思考各種策略。

5 **1 天要讀多久才合適呢？**

任何計畫都趕不上變化。設定計畫時應預設計畫被打亂的風險，預留緩衝時間。這項計畫真的能實現嗎？有效率更好的方法嗎？請認真思考這些問題。

計畫擬定法

02

擬定讀書計畫的重點有哪些？

▼像架設確認進度的補給站一樣，安排長期、中期、短期計畫

■時間最長的是截至高中升學考為止的長期計畫

在整段國中生活中，期間最長的讀書計畫是截至高中升學考為止的長期計畫，但若沒有先決定目標高中，恐怕很難妥善規劃這份長期計畫。決定目標高中後，即能掌握各科目的門檻分數，評估自己還欠缺多少學習量。

因此，**同學們有必要盡快鎖定目標高中。**為什麼我會這麼說呢？因為這樣大家才會有明確的目標。國1生還摸不著頭緒也沒關係，但至少要知道自己居住的區域有哪幾所高中，比較容易有概念。

我當初考大學時，偏差值遠遠不及目標大學，但我並沒有輕易放棄，而是不斷思考，要怎麼讀書才能提高偏差值。

我從大考日期往前推算，算出1天所需的學習量，安排讀書計畫。

老實說，當初我太晚才開始安排讀書計畫，導致進度吃緊，結果把身體搞壞了。雖然這是個需要反省的大問題，但最後我依然順利考上目標大學，對自己更有信心。

要是當初我沒有好好安排讀書計畫，漫無目的地學習，絕對無法達成目標。

■ 設定更具體的中期計畫和短期計畫

除了以升學考為目標的長期計畫以外，還有將長期計畫分割後，決定當月目標和學習量的中期計畫，以及決定當週、當日學習內容的短期計畫。

為什麼要分割長期計畫呢？因為我希望大家能在當月、當週、當日的尾聲，**安排「是否有達成目標」的驗收點**。

安排驗收點就像架設長程馬拉松的補給站一樣。

有了驗收點後，學習步調會更明確，例如：「今天還要寫4頁習題才來得及」。

有了驗收點，就能明顯看出自己目前的進度是快是慢。沒有安排驗收點的人，可能等到大考前1個月左右，才會驚覺「好像來不及了」，但已經來不及了。

■ 要安排多少個驗收點才夠呢？

這類學習計畫並沒有固定格式（常用的形式），只需要填入內容就能完成，可自行在合適的位置安排像是補給站一樣的驗收點。

每經過一段相等的時間後，都應該確認當下「進度比預定還快」還是「進度似乎有些落後」等，從隔天開始微調計畫內容。

「學習計畫每個月要驗收1次嗎？只有1次沒問題嗎？」常有同學會問我類似的問題。請以自己方便為主。

因為我嫌頻繁驗收「太麻煩」，所以每週只安排1次驗收。

驗收點的多寡主要是依照自己的需求，覺得自己需要幾次就安排幾次。

累積短期計畫，達成中、長期計畫

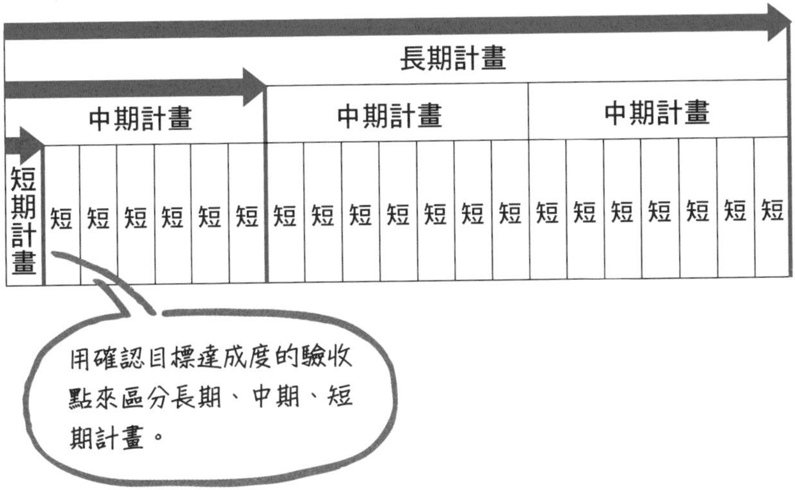
長期計畫
中期計畫
中期計畫
中期計畫
短期計畫
短 短 短 短 短 短 短 短 短 短 短 短 短 短 短 短 短 短 短 短
用確認目標達成度的驗收點來區分長期、中期、短期計畫。

短期計畫 以 1 日為單位，或為期數日～ 1 週左右的計畫

中期計畫 以段考、學期末為目標，為期 2 週～ 3 個月左右的計畫

長期計畫 以升學考、年末為目標，為期 1 ～ 3 年的計畫

計畫擬定法

03

讀書計畫的「時間」不重要，「份量」才是重點

▼可望提升學習的專注力

■用「學習量」來劃分讀書進度

讀書應有輕重緩急。如果你是有多少時間就能讀多少書的人，那我也無話可說，但多數人在長時間讀書後，都會注意力渙散。勉強硬撐得不到任何好處。

因此，**不應該用「時間」，而是要用「學習量」來劃分**讀書進度。

多數同學在讀書時，習慣用時間來決定讀書進度，例如：「我要從現在開始讀到3點！」、「我要讀2個小時！」這正是問題所在。

因為相較於「讀書時間」，「讀了哪些內容」更加重要。

一般人就算坐在書桌前，渾渾噩噩度過3個小時，也會產生「成就感」，覺

得自己「有認真讀書了」。這是個天大的誤會。

重點是這段時間吸收了多少東西。原本認真1小時就能讀完的份量，前後竟花了3小時，豈不是很浪費。

■時間只能用來設定目標和安排休息

所謂的「用學習量來劃分讀書進度」的方法，就類似「今天數學習題寫到第○頁就休息」。

像這樣劃分好讀書進度後，再來設定時間目標，例如：「好！我要在1小時內寫完這些習題！」假裝自己在玩闖關遊戲，更能集中精神解決問題。

重點是，**決定讀書進度後，就算超過目標時間，也一定要完成進度**。請將此原則視為不容打破的鐵則。

另外還必須適時安排休息時間。**休息時間太長，恐怕無法收心，理想的休息時間為5～15分鐘**（適當的休息方式請參考120頁）。

計畫擬定法

04

與其設定「遠大的目標」，不如制定「絕對能辦到」的計畫

▼確實完成計畫，可望增加信心

■無法達成的遠大目標會造成負面影響

前面提過，我們必須先決定「下次段考要考〇分」、「要考上志願學校」等目標，算出還剩下幾天後，再擬定具體的讀書計畫（↓詳見50頁）。

今天讀了多少（完成多少頁的習題，背了多少英文單字）呢？這週、這個月要讀完多少份量才好呢……？

請配合自己的步調，劃分學習進度及份量，決定「保證能達成」的目標。

當目標大到無法達成時，你可能會用「不可能做到了」當藉口縱容自己，或是自信蕩然無存，覺得「我果然是個沒用的人」，無法養成在家學習的習慣。

■ 發現計畫出問題時，必須重新檢視

話雖如此，也必須等到計畫落實後，才能摸索出「自己的步調」。因此，中途要如何進行修正，也是重要的關鍵。

假設你訂了個每天背30個英文單字的目標。**當你發現「沒有一天背得完，經常延到隔天才背」或「對自己來說太多了」的時候，你必須重新調整目標**。每天背20個、10個或5個單字都無所謂，重點是要改成保證當天能背完的份量。

當然，太簡單的目標效果相對較差，必須找出「只要努力就有機會達成」的目標界線。

像這樣一步步朝著終點前進，明白自己「已經達成這麼多目標了」，會對自己更有信心。

為計畫保留緩衝期，稍有變化也能挽回

▼做好「計畫趕不上變化」的心理準備，才不至於手足無措

■初期無法準確估計學習份量

雖說「親自制定的計畫絕對要達成」，但大家還必須認清一點，那就是「世界上並沒有完美無缺的計畫」。沒有正確觀念的人，只要計畫稍微生變，就有可能會半途而廢，覺得「大勢已去」。

為了避免如此，**設定計畫時，應先做好「計畫難免會趕不上變化」的心理準備。**

無論準備了多麼縝密的計畫，該來的變化還是躲不掉，絕對會發生難以預料的意外事件，感冒就是典型的例子。

就算計畫實行初期遭遇無數次失敗，只要有確實修正軌道，自然能按照「自己當天的狀態」掌握合適的學習份量。如此一來，計畫設定也會變得更容易。

■ 突如其來的事件也會瞬間打亂計畫

不過，就算已經習慣自己的步調，也經常會被突如其來的事件打亂計畫。此時請不要驚慌失措，把原本預計當天完成的進度改到其他日期，重新調整計畫內容吧！為此，**設定計畫時最好預留數天的緩衝期**，以備不時之需。

我通常會建議學生，在設定段考的讀書計畫時，**考前3天最好不要安排任何行程**，保持完全空白的狀態。也就是把這幾天當成預備日，好在計畫生變時消化未能完成的進度。

當然，我們能掌握的時間有限。設定計畫時應以優先度高的學習內容為主，其他等到有餘力再說。這也是十萬火急時的有效策略。

總之，計畫並沒有絕對的答案。相信自己，培養妥善分配進度的能力，就能達成所有進度。

計畫擬定法

06

提前確認「今天幾點吃飯」

▼避免讀書讀到一半被打斷

■配合晚餐時間設定讀書計畫

為了避免好不容易安排好的讀書計畫遭到打亂，希望大家拜託家人一件事，那就是**「請家人提前告知已經安排好的活動時間」**，**尤其是「晚餐時間」，請務必提前確認**。

聽到家長喊「晚餐煮好囉」的時候，在家學習中的孩子通常不得不中斷學習。如此一來，學習效率將會大幅降低。

第4章會介紹一種學習習慣，是在對完答案後，立刻閱讀錯誤問題的詳解（↓詳見104頁）。對完答案後，一定要立刻閱讀錯誤問題的詳解。有沒有做到這點，將會大幅影響理解程度。為了集中精神，提升學習成效，讀書計畫必須在晚餐之前，剛好告一個段落。

■要如何請求家人給予協助呢？

不過，若主動要求「〇點吃晚餐」，當然會對家人造成壓力。可以用用輕鬆的語氣詢問：「今天大概幾點吃飯呢？」接著說明原因：「我想配合晚餐時間安排讀書進度。」

講明白是為了讀書才問，想必家長也不會不耐煩，通常會回應：「喔喔，這樣啊！」並告訴你吃飯的時間。而且此舉還能**不經意地強調自己有認真讀書的事實**，讓家長知道自己是個「認真讀書的乖小孩」。

製作讀書計畫時，**最好也要請家人提前告知假日的行程**。

若能早幾天得知假日的行程，自然能想辦法調整讀書計畫，例如：把進度集中到前一天的晚上完成等。跟詢問晚餐時間一樣，好好說明原因，請求家人協助。

計畫擬定法

07

再怎麼累、心情再怎麼差，也必須每天讀一些

▼能夠維持自我肯定感，保持生活節奏

■只有5分鐘也好，一定要讀一點書

社團活動後筋疲力盡、人際關係出問題心情沮喪……國中生活充斥著喜怒哀樂。

儘管如此，也**不能以這些問題為由，給自己一整天完全沒讀書的學習休息日（連1分鐘都沒有讀書的日子）**，否則會造成非常嚴重的負面影響。

即便是在讓你提不起勁的日子裡，**就算只有5分鐘也好，也一定要讀些什麼**。只要學習進度稍微有進展，就能減輕「昨天完全沒讀書」的罪惡感，也能避免讓緊張的神經斷線。

這裡並不是在否定負面情緒。遇到難過的事情時，心情沮喪並無不妥。我只是想告訴大家，就算如此也要稍微讀一點書。

■ 學習休息日是導致自我肯定感降低的原因

普遍來說，國中生的自我肯定感相當低落。

無論是出於何種原因，一旦幫自己貼上「我今天沒有讀書，我好廢」的標籤，自我肯定感就會盪到谷底，長期陷入低氣壓情緒。

反之，不管心情再怎麼差，背了10個英文單字後，自然會湧現出「我努力背了10個單字」的成就感，對自己抱持肯定態度。

也許你會想「不過才背10個單字而已」，但等到日後打起精神後，若能回想起「雖然那時候很消沉，但我還是有稍微盡力了」，**就不至於影響到考試時不可或缺的自我肯定感。**

學習節奏也不會被大幅打亂。

專欄

2

會讀書的人，生活會更充實嗎？

高中時期，讀書讀到天昏地暗的我，跟身邊會讀書的朋友們聊過後，意外地發現大家並沒有把時間全都花在讀書上。

當時我就讀的高中，正轉型成升學型學校。高2時，學校在第1節課前安排了「第0節課」，規定大家每天早上7點半左右就要到校。沒想到有個喜歡釣魚的朋友跟我說，每天上學前他都會先去釣魚，為了釣魚他晚上都很早睡。

聽到我為了讀書犧牲睡眠時間後，他露出「你是傻子嗎？」的表情問我：

「我完全無法理解，為什麼你連人類最原始的生理需求都能捨棄呢？」

聽了這番話，我頓時恍然大悟。

儘管還有些半信半疑，我依然以確保足夠睡眠時間為前提，規劃了讀書計畫。結果，雖然總讀書時間縮短了，但我的專注力反而變得比以前更好。

之後，我開始思考要如何在短時間內有效率地反覆演練習題，進而成就了日後的理想成績。

第 3 章

學校不會教的「考試對策」

平日的學習成果會反映在校內考試的成績上。
為了提高綜合評分、為高中升學考做準備，
請從現在開始實施考試對策！

考試對策

01

如何才能拿高分？

▼不要東讀一點西讀一點，先專心讀兩個科目就好

■總分同樣是300分，哪種狀態更理想？

學生們通常會同時拚國、數、英、社、自這5個科目的分數，但有些同學為了同時顧好每個科目，把自己搞得手忙腳亂，最後落得白忙一場。

以下A跟B兩種狀態，你覺得哪種比較好呢？

A：5個科目各60分，總分300分

B：100分、100分、100分、0分、0分，總分300分

父母通常期盼孩子達到A的狀態。畢竟身為家長，不願見到孩子有特別不拿

手的科目，期盼各科都能達到平均分數。我明白父母的心情，但我希望**不擅長讀書的同學，能夠先以B為目標**。

原本就每科都能穩拿70分以上的同學，才來全面提升各科目的分數。離平均分數太遙遠的同學，若硬著頭皮想顧好所有科目，學習動力將分散到5個科目上，考試分數當然不會有明顯的進步。

■ 希望大家都能重視成果

欲提升學習動力時，最重要的一點是「成績有進步」的實際經驗，盡量避免「明明讀得很認真，分數卻上不來」的狀況。為此，我們能採取的方法之一，就是從一開始就鎖定要讀的科目。

其實只鎖定1個科目也沒問題，但考慮到有些同學會感到不安，因此我建議大家先鎖定2個科目，等到有餘力後再增加到3個科目。「這次考試這個科目的成績一定要進步！」像這樣鎖定能讓自己下定決心的科目，坦然迎接挑戰。

有了「成績進步」的成功經驗後，不僅能實際體會到學習的樂趣，還能激發出信心與動力，在下次考試前鎖定更多決勝科目。

考試對策

02

要如何理解數學？

▼數學是「循序漸進」的科目。必須適時「省略問題」

■數學是「循序漸進」的科目

多數國中生學不好數學的原因，是因為數學包含「循序漸進」的要素。

經常能看到類似這樣的數學題：**為了解開眼前的問題，必須先熟悉上個單元的內容，否則不可能解得出來**。

舉例來說，不懂國中1、2年級的計算問題，自然無法理解3年級的計算問題。沒有這個觀念的人，不明白解不出問題的原因，容易產生「我果然數學很爛」的消極心理暗示。

反觀理化等科目，各單元皆為獨立內容，哪怕1年級沒有學好，依然能理解

2年級的內容。

但數學就行不通了。燃起「想認真讀數學」的鬥志後，想解開眼前的問題，還遠遠不足。

■「重複」做習題也很重要

學習數學時，反覆演練習題的「重複」動作也很重要。沒有事先認清「重複」的重要性，絕對會遭遇挫折。

在5大科目中，數學是做愈多習題愈容易看到成果的科目。不過，習題不能「只做1次就不管」，而是要再三演練，才能徹底理解。

雖說要反覆演練，但也不是從頭到尾都得重複解題。做完一遍後，依照以下基準，**標上○△×的記號**。

○：「輕鬆解開」的問題。

△：答案正確，但屬於沒有把握的問題、看了提示才答出來的問題、差一點就答對的問題等。

×：完全不會的問題。

重做○的問題太浪費時間，沒必要再做一遍。

△和×的問題請再三演練到理解為止（但必須判斷該問題是否屬於接下來要介紹的「省略問題」）。

找到學習重心後，即能專心練習沒有把握的問題，提升學習效率，收穫更理想的結果。

■有些問題是跳掉也無妨的「省略問題」

寫數學習題時（其實不限於數學），還有一個注意事項，那就是要**鎖定**從一開始就應該放棄、不用學習的**「省略問題」**。這個步驟非常重要，接著來跟大家仔細說明。

現在的習題通常會註明問題難度，像是基礎題、應用題、延伸題等。

延伸題是最困難的問題。以前面提到的○△×為例，被標記「×」的問題，

想拿平均分的人應省略困難的問題

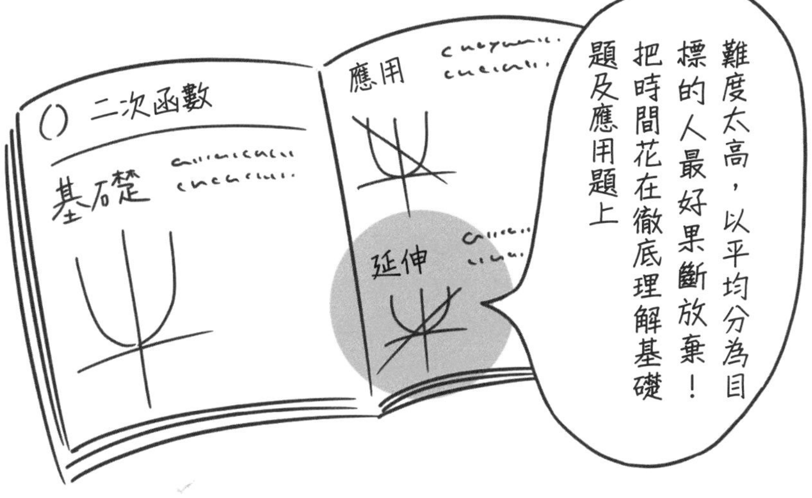
二次函數
基礎
應用
延伸
難度太高，以平均分為目標的人最好果斷放棄！把時間花在徹底理解基礎題及應用題上

大多屬於延伸題。每次段考都能拿80分以上的人，應該積極做延伸題；分數不到80分的人，大可把延伸題視為「省略問題」。

以達到平均分數為目標的人，**與其花時間做延伸題，還不如盡全力搞懂基礎題跟應用題。**拿高分的關鍵是搞懂更多必定能答對的問題，以及如何從眾多題目中找出這些問題。

此道理不僅適用於平常寫習題時，也適用於考試時（↓詳見80頁）。

請鼓起勇氣放棄難題，確保更多能靠自己目前實力解開的問題。

考試對策

03

要如何學習英文？

▼從下定決心要認真學英文那天開始背單字

■學習英文的兩大關鍵是「單字」跟「文法」

看不懂單字，就沒辦法學英文。這個道理大家都懂，絕對不能忽視這項事實。發音固然重要，但首先應該要把學習重心放在「單字」跟「文法」這兩大關鍵上，再慢慢跨足其他方面。

事實上，在這兩大關鍵中，**國中課程的「文法」量並不多。**不擅長英文的同學也許會覺得文法範圍相當龐大，其實細算後會發現根本沒多少，只要認真研讀一到兩週，就能全部背起來了。

因此，同學們大可不必擔心文法的問題。比起文法，相信有更多人是礙於不理解單字，才回答不了英文問題。哪怕只遇到1個陌生的英文單字，就很有可能看不懂整段文章。

■ 把背英文單字視為每天的功課

決定認真讀英文後，請在學習文法的同時背單字。能背就盡量多背一點，因為**國中3年必學的英文單字多達1千個以上**。

聽到這裡，大家也許會覺得眼前一黑，但其實沒必要一字不漏地背得滾瓜爛熟，有些出現頻率過低的單字，就算不熟也不會造成太大的影響。在這1千多個單字中，必背的單字大概只有400～500個，全部背起來後，英文閱讀會更順暢無礙。

1天背5個、3個，甚至只背1個單字都無所謂，重點是要在能力可及的範圍內，決定1天要背的單字量，養成背單字的習慣（具體的背記習慣請參考98頁）。

可以依照教科書的進度來背，也可以到書局購買單字本輔助。**現在市售的單字本幾乎都會按難度排序，從最前面開始一個個往下背，自然能從必背單字開始背起。**

考試對策

04

國文應注意哪些陷阱？

▼閱讀題只能做一遍。仔細看懂解說

■寫習題時抱持著作答後就撕毀扔掉的態度

國文跟數學等科目不同，是個不利反覆演練的科目。與其重複做好幾次習題，不如深入剖析每道問題，養成理解答案來龍去脈的能力。

當然，若是文法、異體字讀寫等問題，反覆演練仍然有意義，但文章閱讀題做過一遍就會知道答案，沒必要重新再做一次。

那要怎麼做才能提升國文的成績呢？

■ 詳讀解說比解開問題更重要

有個例外狀況是段考。原則上段考的命題範圍是學校的教科書，反覆練習教科書裡的閱讀題即能拿高分，但升學考試中出現的閱讀題，絕對是從來沒見過的題目。

「○○代表的是什麼？請從本文找出3個字寫出來」、「請從4個選項中選出1個最符合文章的選項」這類常見題型的答案，理所當然地會依文章內容而改變。

因此，寫國文練習題時，最重要的並非寫出答案，而是解題後必須仔細閱讀解說。

為什麼這個選項是正確的呢？有沒有不解的地方呢？深入分析問題，掌握命題方向，日後遇到截然不同的閱讀題也能迎刃而解。

建議大家在挑選國文參考書時，除了問題本身以外，還要先確認「解說」的內容足夠詳盡、豐富，再決定是否購買。

05

理化和社會要如何熟背？

▼理化重視計算和實驗。社會要結合訊息聯想

■理化包含計算，實驗也相當重要

理化和社會都屬於背科，這兩個科目有著表面看似相同，其實截然不同的特點。

首先，**理化不能光靠死背，在電、重力、密度等單元，也會出現計算題，這類計算題同樣必須反覆演練**。

不僅如此，理化還有一大特徵，就是**包含無法光靠死背理解的「實驗」**。無論是段考還是大考，實驗題都是常見題型。

話雖如此，若對實驗內容沒有太大印象，只依稀記得「好像做過這個實

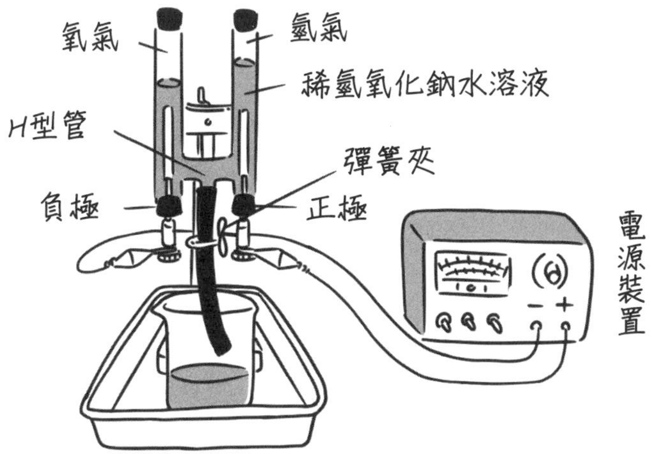

目的：將水分解成氫氣和氧氣。

結果：將水與稀氫氧化鈉混合後通電，會產生體積比2：1的氫氣與氧氣。

實驗器材：H型管、電源裝置、彈簧夾等。

驗」，將會陷入成績停滯不前的困境。

此實驗的**「目的」**是什麼？能得到哪些**「結果」**？要使用哪些**「實驗器材」**？我們必須同時背下這些項目。

上圖以水的電解實驗為例，列出各項目的詳細內容。

先對整體狀態有概念後，再來記住做實驗的「步驟」，應該會更容易理解。

別忘了提前確認**注意事項**，這部分同樣是常見的實驗題型。

所謂的「注意事項」，指的是實驗過程中必須特別留意的事情。以其他實驗為例，注意事項可能會是「聞有刺激性的味道時，不要直接聞，要用手搧」

等。

很多同學會在本該穩拿分的實驗題失分，真的很可惜。有心想提升理化成績的人，絕對不能忽視實驗的重要性。

■社會要同時背內容跟習題

另一方面，社會是個標準的背科，但社會有一個陷阱，光是背下課文，考試分數也不會進步。

舉例來說，就算背下了「織田信長」這個名字，若不曉得這個名字會在哪裡出現，有背也等於沒背。不曉得「織田信長是哪個問題的答案」，將無法順利拿分。

為了解決此問題，**背了課文內容後，必須同時背下習題**。將背下的字句與相關問題連結起來，同時輸入腦中。

少了這個步驟，社會成績幾乎不可能進步。

但相對的，只要能同時背下內容跟習題，社會將成為進步神速的科目。

社會要多做題目
在腦內建立起字詞與事件的連結
1560年
桶狹間之戰
擊敗
今川義元
封足利義昭
為將軍
室町幕府滅亡
1573年
織田信長
安土城
1576年
琵琶湖
樂市、樂座
廢除關所
生於尾張
（愛知縣）
1575年
長篠之戰
擊敗
武田勝賴
1582年
本能寺之變
明智光秀謀反

問題做多了，自然能把「織田信長」與「建造安土城」、「本能寺之變使他統一日本的夢想破滅」等訊息連結起來。

連結相關訊息，歸納成上方**類似心智圖的圖形，會更容易吸收。**

多做問題，大腦自然會建構出這類如心智圖的歸納聯想。

考試對策

06

解題時用△或×標出沒把握的問題

▼能提升複習效率，也能提高考試分數

■避免考試時粗心寫錯

70頁建議同學們省略數學習題的衍生題（難題），專心寫有機會能解開的問題。此方法也能運用在考試上。

也就是說，考試時同樣要意識到問題的難易度。

具體來說，就是要邊解題邊做記號。

用自己喜歡的記號就可以了，我自己喜歡用△跟×。

△：雖然有寫答案，但沒什麼把握的問題。

×：非常困難，想破頭也想不出答案的問題。

提高考試成績的首要條件是減少粗心造成的錯誤。減少粗心錯誤的方法有兩種，一種是每道題都花時間慢慢做，另一種是**全部寫完後留時間仔細檢查**。我推薦第2種方法，在時間允許的情況下來回檢查。為此，我們必須養成迅速解題的能力，預留愈充足的時間愈理想。此時，前面介紹的做記號方法將能派上用場。

■掌握自己容易粗心的問題

自己遇到哪些問題特別容易粗心，大家心裡應該都有個譜。記得幫這些問題也標上△。檢查時把重心放在△的問題上，可望強化修正錯誤的效率。**在難題旁邊標上×，直接進入下一道題，也是加快解題速度的重點**。遇到×的問題必須直接省略，不要浪費太多時間。

07

考完試當天立刻確認沒把握的問題

▼複習試卷內容能提升學習品質

■做好複習的準備

吸收新知識後，立刻複習以加深印象，是個非常重要的動作（↓96頁）。不過，就這個層面來說，學校的段考非常不利於複習。

為什麼這麼說呢？因為絕大多數的學校並不會在段考當日公布解答。若是補習班舉辦的全國模擬測驗，考試一結束就會立刻分發詳解給考生，但學校不會這麼做。

學生們無法自己對答案，在等待考試結果公布的這1週，只能當作沒這回事，對考試的記憶也會愈來愈模糊。

為了讓費盡苦心準備的考試成為自己的力量，我們得多下一道功夫。

就算不能對答案，我們依然能在考試當天重新檢查問題。檢查問題時，**請在覺得「這裡複習一下比較好」的地方標上自己能看懂的記號。**

多了這道手續，段考後的複習品質將會大幅提升。

■目的是要在下一場考試過關斬將

「考完試後最好重新複習一次」的問題，**基本上都跟前面提到的「考試時標註△或×（↓詳見80頁）的問題」類似。**

複習時，應優先複習△的問題，而非×的問題。話雖如此，就算是×的問題，也有可能會在閱讀詳解後發現「比想像中還簡單」，別忘了試著挑戰看看。

考試時完全沒標註任何記號，「原本以為能輕鬆拿分，沒想到竟然寫錯了」的問題，也必須好好複習，將之轉換為自己的知識。

像這樣逐一複習沒把握的問題，下次考試時絕對能過關斬將。

考試對策

08

應該要重視段考還是大考？

▼段考前以段考為主，對大考也會有幫助

■你現在讀書的目的是什麼？

段考前常會有學生問我：「我現在應該要準備大考才對，但還有段考等著我，要優先準備哪種考試才好呢？」

雖然我很想告訴大家「兩種考試都很重要」，但還是先教大家一個判斷秘訣：該優先準備哪種考試，必須從「目的」來思考。

認真準備段考的目的是：如果你的段考成績會影響高中申請入學，那就有必要好好準備。也就是說，在段考成績會被納入綜合評分的期間，必須確保理想的分數。

但實際上，**許多人升高中並不使用申請入學，段考成績就不會被納入升學評分了**。

到了這個階段，比起準備段考，更應該把重心放在大考上，一鼓作氣往前衝刺。

■ 自然和社會也要認真準備的原因

不過，即使到了3年級下學期，段考前依然要專心準備段考的範圍。因為3年級下學期的段考範圍，有部分還是跟大考範圍重疊，做好準備絕對不會吃虧。

此外，有些私校只考3個科目，不考自然跟社會。有些同學會問我：「那我不準備自然跟社會也可以嗎？」

原則上我會建議大家5個科目都要認真準備，畢竟沒人能保證自己絕對不會改考公立學校。

況且**就算只考3個科目，自然跟社會的分數也有可能會被納入綜合評分**，千萬不能大意。

考試對策

09

決定要報考的學校後，需要做考古題嗎？

▼等升9年級暑假再開始做就行了。不要過度依賴考古題

■原則上應從升9年級暑假開始做考古題

常有同學問我，到底需不需要做志願校的考古題。

從結論來說，**等到升9年級暑假再來做考古題就好了，太早做也沒有意義。**

考古題涵蓋了國中3年間的學習進度，太早做會遇到大量還沒學過的內容。

補習班通常會在升9年級暑假進行總複習，並預習剩下的教學範圍，同學們可以從這時候開始挑戰考古題。

■過度依賴考古題恐踢到鐵板

勤做考古題，掌握命題方向後，能夠縮小學習範圍，專心備考，但過度依賴考古題其實相當危險。

因為**考試的命題方向，有可能會從下個年度開始大轉彎。**舉個可能發生的例子：某私校的數學考題一向是由6個大題及若干小題組成，但從下個年度開始，卻改成只有4個大題。

對考古題印象過於強烈的人，一旦發現命題方向改變，可能會心慌意亂。如此一來，考古題反而會成為絆腳石。

話說回來，每一屆大考本來就不可能出一模一樣的考題，記得把考古題當成練習題的一種就好了。

考古題涵蓋國中3年的教學範圍，能幫我們揪出不懂或印象薄弱的問題。

發現不懂的問題時，把問題徹底搞懂，能強化自身實力。因此，**請務必好好珍惜「遇到不懂的問題的緣分」**（↓詳見112頁）。

專欄

3

先熟悉，才能克服心理障礙

大學時，我的專攻科目也是數學。其實數學一直是我的弱項，直到受到高中數學老師啟發後，才成了我的拿手科目。

我有個還在讀幼稚園的小兒子，為了訓練他對數學的敏感度，我每天都會在客廳或浴室跟他玩需要動腦的數學遊戲。

一開始先從簡單的「全部有幾個」的問題開始，當他回答正確時，我會使勁誇獎他，這時他會要求「再玩一次」，我便繼續拋出各種不同的問題，趁他連續答對好幾題，心情正好的時候，再故意出難題。

最後他會說：「我不甘心，下次還要玩。」這正是讓孩子覺得「爸爸跟我玩的數字遊戲很有趣」的秘訣。

一直以來，看著那些不擅長數學的學生，跟對數字敬而遠之的大人，我不免感到有些可惜。因為我個人認為，對數字敏感絕對不會吃虧。

為了避免兒子對數學產生心理障礙，我先讓他慢慢熟悉數字。這種跟數學打交道的方式，應該跟大家的讀書方式多少有些共通點吧？

第 4 章

透過「習慣內化」，與別人拉出距離

若想擺脫壓力天天輕鬆學習，
最好的方法就是將學習內化，養成習慣。
本章將介紹個人推薦的學習內化法！

習慣內化

01

在課堂上確認回家後要複習的部分

▼上課時能集中精神，回家後能立刻複習

■若在課堂上能完全理解，就沒必要複習

首先是希望大家在學校養成的學習內化習慣（例行公事、動作、習性）：**在課堂上決定今天回家後要複習的部分**。

聽課時在「好像不太能理解」的地方做記號，能大幅減輕回家複習的負擔。

若等到回家後才開始思考要複習那些部分，恐怕會先浪費掉大量的時間。

聽完老師的講解後，若能完全理解，就不需要花時間複習。當然，這僅限於有把握就算不複習也能背得滾瓜爛熟的部分而已。

哪怕產生任何一絲疑惑，都必須在筆記本或教科書上做記號，以便回家複

習。

■ 提醒自己上課時盡量多吸收

對於想將在家學習的效果發揮到極限的同學來說，由老師直接授課的校內課程極為珍貴。

請提醒自己，上課的目的不光是為了做筆記，不能抱持著「放學回家再讀就好了」的心態，而是要好好利用這段時間，吸收更多的知識。

上課時認真聽講，找出需要複習的部分。光是如此，就能提升專注力，而且還不容易打瞌睡，好處多不勝數。

課後參加社團活動，會壓縮到回家讀書的時間，但坐在教室裡聽課的45分或50分的時間，是每位學生共同擁有的。

從課堂上多帶一點成果回家，長期積累之下，就能交出漂亮的成績單。

02

聽課時就要猜「考試可能會出哪些問題」

▼能掌握實際會出現的問題，還能趕跑瞌睡蟲

■有認真聽課就能發現考題

在學校課堂上還要養成另一個學習內化習慣：聽課時猜測「某某老師下次段考可能會出這個問題」。

此內化習慣有兩個優點。

第1個優點是能成為考前對策，預測老師下次考試打算出的題目。

專心聽課，也許會聽到老師強調「這個部份很重要」，意外發現考題。

此時，請在筆記本或教科書上做記號或畫對話框，寫下「這裡是重點！」以利日後複習。做什麼記號都無所謂，只要自己看得懂就好了。

■像攻略遊戲一樣，還能提升專注力

邊聽課邊預測考題的**第2個優點是上課不容易打瞌睡**。

剛參加完社團活動或剛吃完午餐時，若純粹被動聽老師講課，光是為了擊退瞌睡蟲，可能就得耗盡全力。改採主動聽講的態度，「尋找可能出現的考題」，想打瞌睡的次數自然會減少。

像玩遊戲一樣，假裝自己正準備攻略老師，下定決心「找出考試可能出現的題目」，攻略成效將會更上一層樓，連「這老師經常出這類型的題目」等命題習慣都能瞭若指掌。

此學習內化習慣不僅能提升課堂上的專注力、強化吸收力，還能成為考前對策，堪稱一舉兩得，甚至一舉三得：提升對大考題目的預測功力。

習慣內化

03

遇到不懂的問題時，先看解說再請教老師

▼知道自己為什麼不懂，之後遇到類似問題才能順利解題

■先看解說才有辦法向老師具體提問

大家寫習題遇到不懂的問題時，也許會想靠自己的力量尋找解答。我明白大家的心情，但還是不要花太多時間在這上面比較好，**如果能直接請教學校老師，就趕緊去問吧！**

此時有個能強化自身能力的重點：**請教老師前，先主動詳讀解答跟解說**。

原本只是籠統地覺得「不懂」，讀完解說後會進化成「不懂解說裡〇〇的部分」。

當不懂的部分跟原因逐漸明朗後，才有辦法向老師具體提問。

在家對習題的答案時，也不要光是打上○或×，而是要仔細閱讀錯誤問題的解說，檢查寫錯的部分。

■ 處於「不懂」的狀態，永遠不會進步

我在補習班當老師時，也經常有學生來問我問題。大家提問的方式各有特色，我甚至從問法就能看出，該名學生會不會進步。

簡單來說，**嚷著「老師，這題我不會！」的同學，多半只會在原地踏步；進一步詢問「這道問題的○○的部分，為什麼會是這樣呢？」的同學，成績絕對會持續進步。**

任何一道解不了的問題，絕對都有原因。

就像故障機械的某個部位一定出了嚴重的問題一樣。找出不懂該問題的原因，全面排除。

若我們「不曉得『自己為什麼不懂該問題』」，那當然束手無策，但只要找出阻擋在眼前的障礙，自然能迅速獲得解決對策。

04

以複習為主，有餘力才預習

▼提升得分效率。預習也是必要的考試對策之一

■複習的學習效率比較好

所謂的「有時間預習的人」，就只有「已經複習完的人」而已。這個道理大家都懂。

連複習都還沒複習完，就急著預習，簡直是本末倒置。

我甚至認為，其實大家根本沒必要刻意抽空預習。

提前做好準備，的確能迅速吸收老師授課的內容（↓詳見174頁），但若預習時試圖憑一己之力突破未知的難關，可就沒那麼容易了。

相較於此，複習的內容都已經學過一遍，因此能邊回憶老師上課時講過的

話，邊確認學習內容。

更容易拿高分、學習過程更輕鬆的是預習還是複習呢？答案毫不意外，當然是有老師從旁指導的複習。

■ 若想挑戰考古題，應從預習開始著手

話雖如此，當你正式開始準備升學考後，預習將在某個時間點成為必要行動——也就是當你**想挑戰考古題的時候**。

舉例來說，「統計與機率」是9年級數學的範圍，大考常出現統計與機率題型，寫考古題時也經常會遇到這類題目，但它經常在國中最後一個學期才登場。還沒學到統計與機率的人，就算想試著解題，往往也摸不著頭緒，覺得自己似懂非懂。

沒有先把教科書從頭讀到尾，很難著手演練考古題。因此，**請從升9年級前的暑假開始預習，做好挑戰考古題的準備。**

05

背記內容1天至少背2次，隔天早上和後天再背一次

▼反覆背記，加強記憶黏著度

■原則上要背4次，背完再斟酌次數

背英文單字或歷史年表等時，我最推薦的背法是「當天至少要背2次，3天內最好要背完4次」。

例如：**①傍晚、②睡前、③隔天早上、④後天各背1次，總共背4次。**反覆背同樣的內容4次後，記憶黏著度會增強，日後需要複習的份量也會減少。

還沒找到適合自己的背法的人，請先試著背4次，再自行斟酌次數。像是「我只要背3次就可以了」、「我背5次應該比較好」等。久而久之，自然能掌

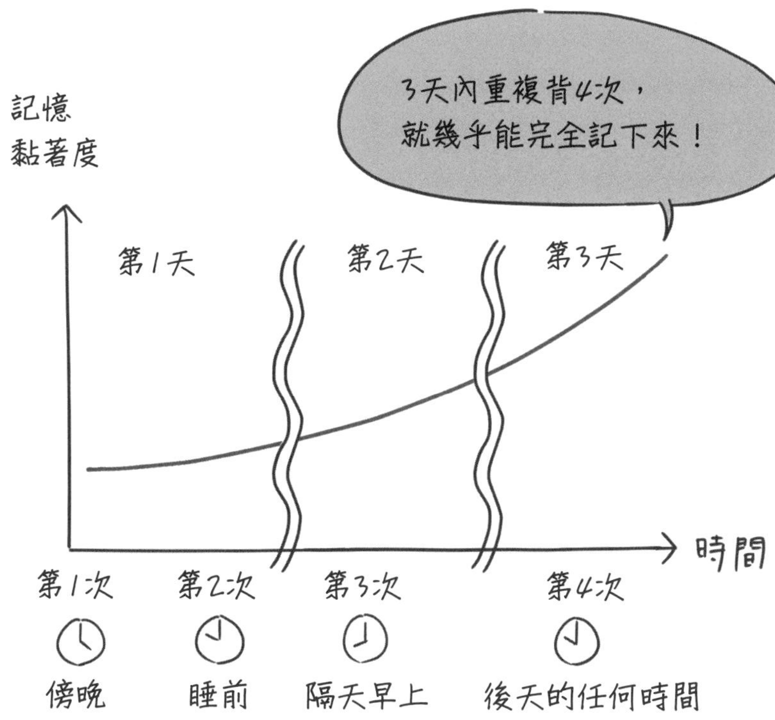
3天內重複背4次，
就幾乎能完全記下來！
記憶
黏著度
第1天
第2天
第3天
時間
第1次
第2次
第3次
第4次
傍晚
睡前
隔天早上
後天的任何時間

握「我用這樣的頻率能背得更牢」的感覺。

■簡化習慣

像這樣養成天天背記的習慣後，實力絕對會跟著增強。

不過，就像肌力訓練跟減肥一樣，習慣的養成並非易事，因此，**此時應把重點放在如何簡化習慣本身。**

除了重複背4次的單純背法以外，後面會提到的「趁廣告時間回想」（→詳見100頁）的方法，同樣輕鬆簡便，容易養成習慣。

習慣內化

06

不被書桌綁住的輕鬆學習法

▼狀態不好的日子也能維持學習步調

■趁電視節目進廣告時回憶學習內容

前面有提醒過，最好不要給自己一整天完全沒讀書的學習休息日（↓詳見62頁）。建議同學們採用**活用零碎時間的學習方法**。

我最常推薦的是「看電視節目時，趁廣告時間回想英文單字」的方法。這個方法很簡單，人人都能輕鬆上手。

假設你背了20個英文單字，當中有2個單字特別難背，難到讓你產生「我絕對背不起來」的挫折感。你對這類單字的印象通常會是：「我記得在那頁的右上角，要怎麼拼來著……」請利用廣告時間好好回想。

「對啦，那個單字是interesting啦。意思是……『有趣的』！」請用這種方式回想。

學習並不僅限於坐在書桌前讀書，就算只是像這樣回憶，也已經稱得上學習了。同樣是背英文單字，跟「坐在書桌前寫10次」比起來，這種方法輕鬆多了吧！

■ 將學習習慣融入生活中，可強化實力

老實說，我也認為坐在書桌前解題才是正統的學習方式，但想隨興學習時，其實不必把自己綁在書桌前，隨時都能利用時間。

例如：突然有急事，不得不外出時，大可充分運用移動時間。或是好好利用每天刷牙或洗澡的時間。創造愈多回想的機會，記憶愈容易黏著在腦海中。

最後，若能養成「做〇〇時背〇〇」的習慣，將能得到明顯的學習成效。如此一來，**無論在任何瞬間，大腦都會自然而然地回憶起學習內容**。

07

讀完教科書後，一定要馬上做練習題

▼消除「以為已經懂了」的錯覺，把資訊牢記在腦海中

■必須親手解過一次題，否則容易印象模糊

用教科書學習的鐵則是：**一定要同時做練習題**。

無論學了哪些內容，學完後都一定要立刻做相關練習題，才能幫助大腦吸收。

尤其是數學教科書，單元後面通常會附例題跟解題算式。明明沒有靠自己解開問題，看了詳解後卻容易產生「已經懂了」的錯覺。

等到必須靠自己解類似問題時，早已經不記得解題方法，無法順利解題。

為了避免如此，**我們必須養成學習後立刻獨立做相關題目的習慣。**

因式分解公式
x^2+6x+8
$=x^2+(2+4)x+2\times4$
$=(x+2)(x+4)$
提示
找出積為8、和為6的2個數字
嗯嗯
是這樣啊
輕鬆！
數學
8年級
你真的懂了嗎？
來做練習題吧！
奇怪…

就像前面提到的，每天回家後都要複習當天上課的內容（↓詳見90頁）。若能趁此時多做練習題，將會事半功倍。

08

寫完習題後，一定要立刻對答案

▼不要隔太久，才能確實吸收

■ 對答案時不能只打上○×

前面提到的「學習後做練習題」的方法，還必須加上一個動作才算完整，那就是「對答案」。

對答案的目的不單純只是確認對錯，還要仔細閱讀不熟、錯誤問題的解說，才能完整吸收。對答案的**最佳時機是做完練習題的當下**，盡量不要隔太久。

做完練習題後，「先吃飯才對答案」或「先洗澡才對答案」，都是非常浪費的決定。

因為過一段時間後，我們的大腦會忘記當時的解題思維，使對答案淪為打上

○或×的單調作業。

此時就算閱讀詳解，也幾乎不會湧現出「原來是要這樣解題啊！」的感動心情，通常只會隨便瞄一眼就草草了事。

閱讀詳解並徹底理解，才算完整的流程

階段1 閱讀教科書、參考書

階段2 挑戰練習題

階段3 立刻對答案&確認詳解

習慣內化

09

寫筆記時，要注意哪些重點？

▼筆記是寫給未來的自己看的。也要重視自我風格

■決定筆記法則、繪製插圖等

雖然偶爾需要提交筆記給老師，但基本上無論是哪一科的筆記，**都不是寫給別人看的，而是寫給未來的自己看的**。製作筆記時，應整理出未來的自己看到後會「想用這本筆記來學習」的內容。

筆記最大的重點，是擁有方便自身學習的內容。

也就是說，我們必須製作出具備可檢索性的筆記，以便迅速找到想複習的部分。

提高筆記可檢索性的重點在於決定自己的筆記法則。例如：「把每個章節或

製作理想筆記的重要觀念

資訊量	比起以量取勝	更該	強化檢索性以便查找
文字	比起漂亮（工整）	更該	有自己的筆記法則
顏色	比起色數	更該	重視顏色的意義
留白	比起留少	更該	留多
板書抄寫	比起直接照抄	更該	找出可能出題的部分

標題都寫在最上面，而且要固定在左上方」等。

把每個標題都寫在左上方，你不覺得比較容易翻找嗎？

本書也採取類似的編排方式。書籍和教科書的章節或標題，通常會固定在同樣的位置。

沒錯，寫筆記時，請假裝正在撰寫專屬自己的書籍或教科書。

我在寫筆記時，也習慣把章節或標題寫在左上角，方便日後翻找。

就算還剩半張空白頁，進入新主題後也一定要從新頁面開始書寫。至於要依單元還是依課堂進度劃分主題，請以自己方便為主。

■善用插圖和記號

還有一個製作筆記的訣竅是**添加文字情報以外的插圖、記號、對話框等**。有了這些資訊，會更容易留下記憶。

我們可以用對話框標出老師上課時強調的重點。

「這個重點，我在筆記上的某某地方有用對話框標出來！」有的學生甚至連對話框的位置都記得一清二楚。雖然不能一概而論，但有認真做筆記的同學，通常都能名列前茅。

曾有一本名為《考上第一志願的筆記本：東大合格生筆記大公開》（聯經出版）的暢銷書。實際翻閱後會發現，東大生們都有自己的原則。

除了字跡工整以外，東大生們都有自己的筆記法則，所以才有辦法寫出漂亮的筆記。

左頁整理了製作筆記時適用的筆記法則，請務必參考。

重視寫筆記的方式！

2023年4月　**找出自己的筆記法則！**

Date　/　/　　　　No.

◆關於大標題

・在筆記左上方寫日期和單元名稱

・每換新的大標題就換一頁寫

這是大標題！

這是小標題！

◆關於小標題

・用符號（◆）凸顯重點

◆關於色數

・黑、紅、藍、螢光，4 色以內

・決定每種顏色的意義

例
紅：必須背記的重要文字
藍：框線、線條等
螢光：底線

◆關於留白

・盡量多留一點空間，方便日後補充

◆其他

・影印複雜的表格或圖片貼上

・除了老師的板書以外，還要用對話框或插圖記下自己發現的事情

這是重點

製作「自習筆記」

▼提升複習效率，知道已經讀了多少，就能強化信心

■統整一本自習筆記，能得到滿滿成就感

除了課堂上寫的筆記以外，大家在家讀書時，應該還會另外做筆記吧？接著我想推薦兩種筆記給大家，首先是「自習筆記」。

自習筆記是在家做習題時使用的在家學習用筆記，有幾個製作訣竅。

第1個訣竅是，若無個人堅持或特殊原因，**請不要準備各科目專用的筆記本，而是把所有科目統一寫在一本筆記本裡。**第2個訣竅是，**用尺在筆記本左側畫一條直線，寫下日期或習題的頁數**。

結合這些訣竅的自習筆記，內容一目瞭然，方便複習。而且當我們寫完整本

自習筆記的使用方法與製作訣竅

把所有科目都寫在同一本筆記本裡，
比較容易感受到自己的學習量
自習筆記
Vol.8
國英數
自社
看著寫完的自習筆記
一本又一本增加，
能獲得成就感與信心
自習筆記
Vol.7
國英數
自社

筆記，回頭翻閱時，**將會湧現出成就感與自信**。

成就感與自信是成效極佳的學習動力提升關鍵，其重要性絕對超乎你的想像。

我也曾建議小學生的家長故意準備薄筆記本給孩子使用，在孩子寫完一整本後，誇獎他：「你真棒！」

在考試前一天，請拿出一疊長期以來親手寫完的筆記本，鼓勵自己：「你已經讀這麼多了，別擔心啦！」藉此提升自我肯定感，建立自信。

11

製作「錯誤問題筆記」

▼製作專屬自己的最強原創教材

■另外做一本剪貼錯誤問題的筆記

除了「自習筆記」以外，我也推薦大家把「寫錯的問題」剪貼成**「錯誤問題筆記」**。

養成製作錯誤問題筆記的習慣後，最終將能打造出一本專屬自己的原創教材，發揮巨大的價值。

有智慧型手機或平板電腦的同學，也可以拍下寫錯的問題，放進資料夾保存，代替實體的錯誤問題筆記。

用相機拍比較不費工，應該更容易養成習慣。若採取手工製作，可能會礙於

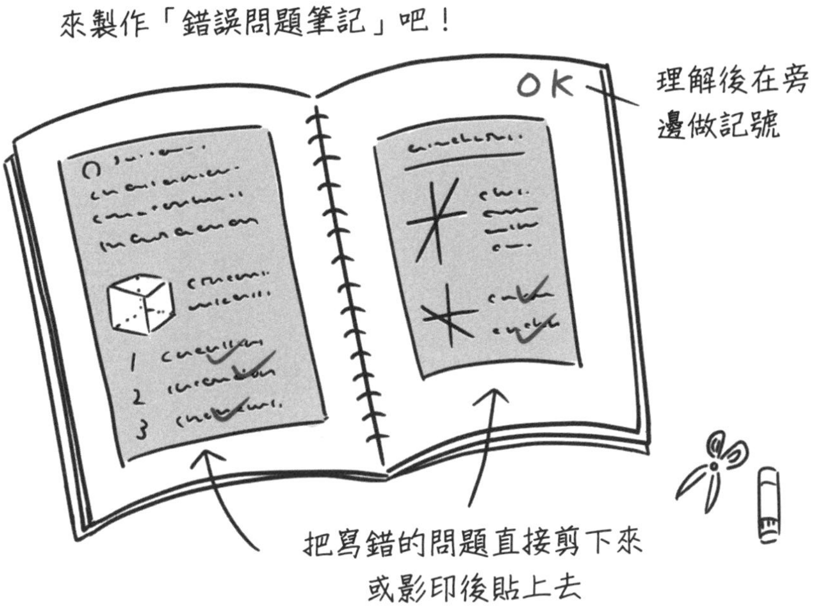
來製作「錯誤問題筆記」吧！
OK
理解後在旁邊做記號
把寫錯的問題直接剪下來或影印後貼上去

背面也印有問題，不好直接剪下來，還得另外花時間影印。

把答案貼在能蓋住的位置或其他頁面，即能針對錯誤問題進行複習。

經過反覆練習，理解透徹後，在問題旁邊標註OK等記號，提醒自己「已經不用看了」，不但能避免浪費時間重複解題，還能獲得成就感。

這是**珍惜「與未知問題的相遇」，將其價值發揮到極限的方法**。

回頭複習時，若驚覺「以前怎麼連這種問題都不會」，代表你該好好誇獎自己一下了。

寫筆記時以紅、藍、黑3色為主

▼重點部分一目瞭然

■色數太多反而不利辨別

同學們平常做筆記時，習慣用幾種顏色的筆書寫呢？我認為最理想的色數是3色。只要有紅、藍、黑的3色原子筆跟自動鉛筆，就綽綽有餘了。多準備1支螢光筆，在重點處簡單做個記號也不錯。

用不同顏色的筆做筆記，是為了凸顯「重點部分」、「關鍵字」跟「要背的地方」。

每種顏色分別代表不同的意思，若用了5、6種顏色，通篇五彩繽紛，反而容易產生疑惑：「這裡的綠色是什麼意思？」、「黃色是代表什麼？」等，不易辨別每種顏色的含意。

翻開筆記本，整頁都五顏六色，很容易漏看真正重要的部分。做筆記的基本原則是盡量減少色數，增強每種顏色的存在感。

■ 哪些用紅筆寫，哪些用藍筆寫呢？

我個人是這樣區分的：

紅筆：寫重點。關鍵字和背記部分也統一用紅筆寫。

藍筆：老師可能會出的題目和上課時提到「考試會考」的地方。

像這樣區分筆記的顏色，不但利於複習，將色數減少到極限後，筆記整理起來也會非常輕鬆。

試著想想，怎樣的配色自己用起來最得心應手。

13

利用假裝教人的方式進行輸出

▼先在腦中整理一遍，鞏固記憶

■除了輸入以外，輸出也同樣重要

背記等學習方式的目的是往腦內輸入資訊，但做習題、寫考卷等輸出作業同樣必不可少，因為要等到完成輸出作業後，輸入的資訊才會在腦中根深蒂固。

最簡單的輸出方式是做習題，還有一個秘訣是「教人」。有能力教別人，正是自己已經理解透徹的證據。畢竟還沒在腦中妥善整理完畢的資訊，是不可輸出給別人的。

由此可知，「教人」可說是檢視自身對課堂內容理解程度最有效的方法。

不過，想創造實際教人的機會，其實沒那麼容易。

我最常用的方法是**在家裡「假裝教人」，藉此進行輸出**。儘管眼前沒有任何人，我依然會模擬教學情景，把學會的內容唸出來，假裝正在教人。

向他人說明能增加自己的理解度
葉的構造與功能
① 本單元的重點是？
② 容易出錯的地方是？
喔喔
father
mother

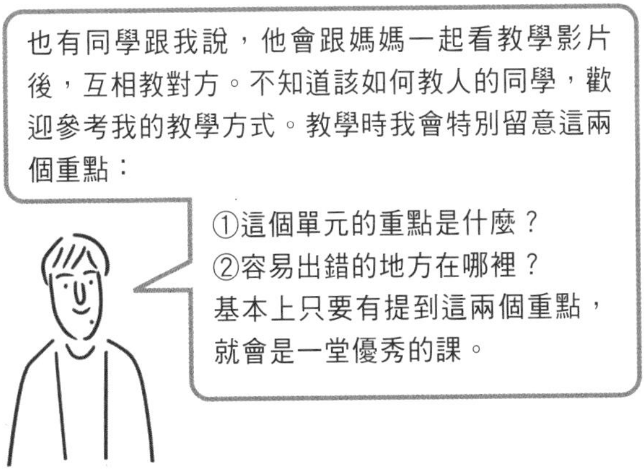
也有同學跟我說，他會跟媽媽一起看教學影片後，互相教對方。不知道該如何教人的同學，歡迎參考我的教學方式。教學時我會特別留意這兩個重點：
①這個單元的重點是什麼？
②容易出錯的地方在哪裡？
基本上只要有提到這兩個重點，就會是一堂優秀的課。

專欄

4

計畫表用手寫或打字都可以

我當年還是考生時，習慣在活頁紙上列出「待辦事項清單」，做成簡單的計畫表。之所以寫在活頁紙上，是因為能直接用膠帶黏在眼前的牆壁上。不管再怎麼不想面對，只要坐在書桌前，計畫表就會映入眼簾。

若把計畫表寫在一般的手帳或筆記本裡，想看時還得先多做一個「翻頁」的動作，一不小心就容易遺忘計畫表的存在，或產生「故意不想看」的逃避心態，刻意忽視計畫表。喜歡滑手機的同學，也可以在便條紙上寫下簡單的計畫後，貼在手機殼上。

說到手機，最近推出不少能協助使用者輕鬆製作學習計畫表的APP，大家可以善用這類服務。

如果有手機或平板電腦
規劃表
搜尋！
ANKI
study
能找到很多免費的行程管理或筆記專用的APP。

第 5 章

培養不輸人的「專注力」

如果能更專心一點就好了……
這絕對是廣大國中生們共同的煩惱。
本章傳授提升專注力的秘訣，
一次解決大家的煩惱！

01

在家學習的關鍵是「分割式學習法」

▼決定目標細項，專注在眼前的學習上

■分割學習時間，適度休息

正在煩惱在家無法專心讀書的人，也許是設定了過於遠大的目標，覺得「這個也必須做」、「那個也必須完成」，忙得焦頭爛額，漫無目的地橫衝直撞，專注力當然難以維持。

我推薦的能強化專注力的秘訣是「分割式學習法」——不要一鼓作氣長時間讀書，適時休息以分割學習時間，並決定每段學習時間的細項目標。

進行在家學習時，也要像在學校上課一樣劃分每堂課的時間，適度休息。

■ 今天的自己能專心多久呢？

我們不應該把時間當成學習進度的指標，而是要用份量（↓詳見54頁）。有些同學在決定目標後，會像攻略遊戲一樣思考「這1小時要完成多少進度」，藉此提升專注力。請衡量自己的專注力，妥善安排學習時間。

例如：每15分鐘安排1次休息時間。這樣一來，也許這15分鐘的時間都能全神貫注。再說，如果只是要做簡單的問題，認真個15分鐘應該也差不多了。

此外，**我們的專注力會隨著當天的身心狀態浮動**。不管今天再怎麼疲累或沮喪，依然得分割學習時間，單次時間多短都無所謂，重點是要告誡自己「接下來必須完成這些進度」。

■ 愈接近目標愈容易分心

介紹個具體的例子。

假設1天要確保3小時的讀書時間，把這3小時「以1小時為單位進行分割」。

分割的方法是穿插休息時間。休息時間太長不容易收心，5分鐘或10分鐘最理想。

我們也可以把這3小時分成：從學校回家後的1小時、吃完晚餐後的1小時、洗完澡後的1小時。

為了方便同學們理解，我才以「1小時」為例，**不然其實不應該用時間做區隔，而是要用學習內容跟份量來分割學習計畫，才能有效提升學習成效。因此，準確來說應該是「1小時能完成的學習份量」**才對。

確定能有1小時左右的讀書時間後，再自行決定「這本數學習題應該能寫完4頁」等目標，並朝著目標前進。就算1小時後還沒寫完，也必須延長讀書時間，直到完成目標為止。

久而久之，自然能掌握自己1小時的學習量。

馬不停蹄連續讀3小時，學習量絕對相當可觀。

人類是一種愈接近目標愈容易分心的生物，在快要抵達目標前，有可能會產生「我有點累了，滑個手機好了」等念頭。

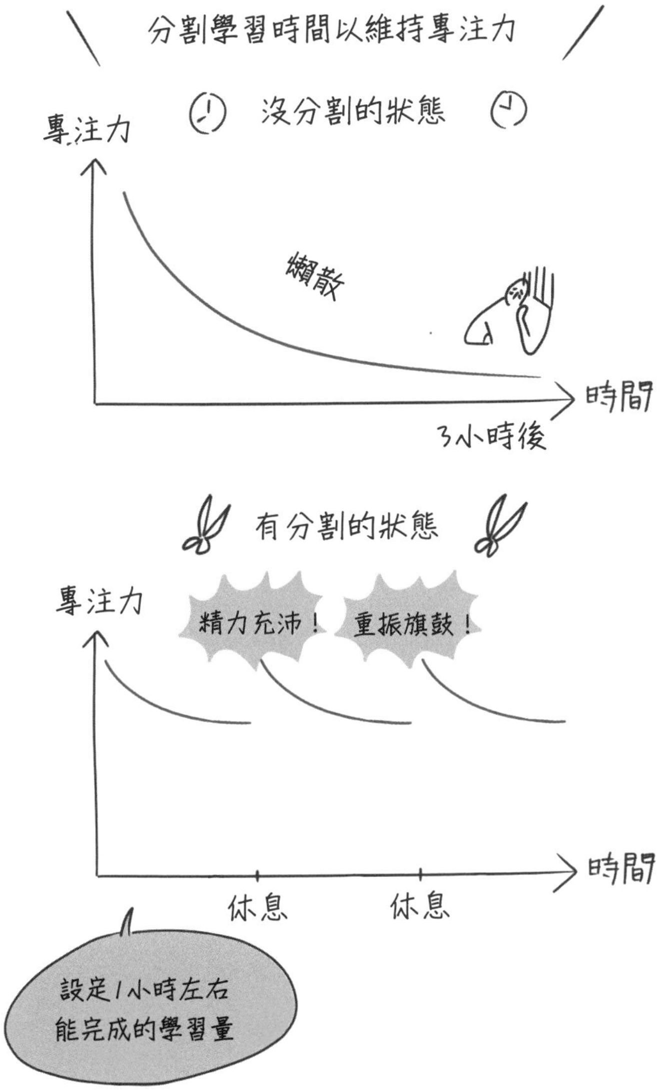
分割學習時間以維持專注力
沒分割的狀態
專注力
懶散
時間
3小時後
有分割的狀態
專注力
精力充沛！
重振旗鼓！
時間
休息
休息
設定1小時左右
能完成的學習量

不過，若設定的目標是「寫2頁數學習題」，就算寫完1頁後感到疲累，只要提醒自己「只剩1頁而已！」，就有動力繼續朝著眼前的目標前進。

02

用握筆的手跟空著的手框住問題

▼這麼做能幫助我們迅速解題

■空著的手也要放在桌上

「讀書時，要把握筆的手跟空著的手都放在桌上。如果是右撇子的話，空著的手就是左手。」國小的時候，有沒有被老師這樣提醒過呢？這個提醒不僅能讓你維持良好的姿勢，還是能幫助你專心學習的重要關鍵。

當專注力渙散時，你會不會覺得精神不濟，身體東倒西歪呢？一不留神就坐姿歪斜、屁股快掉下椅子，這些不良姿勢都會對學習造成負面影響。

用空著的手框住正在做的問題，有助於提升專注力，加快解題速度。具體來說

光是用手框住問題就能提升專注力

就是用食指跟大拇指把問題框起來。

為什麼這麼做能提升專注力呢？因為當我們做這個動作時，會自然而然地維持良好的坐姿，視線也會聚焦在問題上。

我在補習班教書時，也曾建議國中生們這麼做，結果大家都**很自然地減少說話次數，解題速度也變得更快了。**

端正姿勢是集中精神的重要條件之一。此動作能幫助我們自然而然地保持端正的姿勢，請大家一定要試試看。

03

把書桌周圍的誘惑物全部撤除

▼丟掉容易干擾注意力的誘惑物

■視線範圍內的所有物品都必須留意

欲進行居家學習時，首先需要整頓的地方是讀書環境。你的書桌現在是什麼樣子呢？

除了提醒大家「要把讀書環境整理乾淨」以外，我還想告誡大家一定要留意「視線範圍內的所有物品」，才能集中精神學習。

簡單來說，**讀書時視線範圍內絕對不能有「容易成為誘惑的東西」**。請先把環境整頓好，再開始讀書。

有些學生會把漫畫跟雜誌擺在身旁，天真地認為「反正讀書時不會去翻

你的視線範圍內有多少誘惑物呢？讀書時的誘惑物一覽表

- ☐ 漫畫、雜誌、小說等
- ☐ 手機、平板電腦、桌上型電腦
- ☐ 遊戲
- ☐ 電視、收音機
- ☐ CD、DVD
- ☐ 海報
- ☐ 糖果餅乾
- ☐ 其他科目的教科書
- ☐ 床鋪（若房裡有床會是個大問題！）

閱」，但其實這些雜物都會在無意識間進入我們的視線範圍內，吸引我們的注意，妨礙專注力。

也有些學生會在牆上貼喜歡的偶像或動畫的海報，這類物品同樣會分散專注力。

如果讀書時看著這些海報，能產生「繼續加油」的動力，那我也沒話說。不過，只要產生任何一絲「想看影片」等無關學習的念頭，就代表它會對學習造成影響。就算把海報貼在背後等看不見的地方，若忍不住分神注意，同樣代表它會對學習造成影響。

讀書時，一旦發現任何會吸引注意力的雜物，都應該立即將之排除，暫且收到讀書時看不到的地方。

04

書桌上只放正在讀的參考書

▼避免焦躁不安的情緒妨礙學習

■就連學習工具也有可能會成為阻礙

前面提到讀書時視線範圍內不能有多餘的雜物（↓詳見126頁），**但有個意外的東西也會妨礙專注力，那就是「其他科目的參考書」**。

請盡量把參考書收到坐在書桌前讀書時看不見的地方，例如背後的書架上……等。

為什麼要這麼做呢？其他科目的參考書固然是學習工具，但跟「你現在正在學習的科目」毫無關係。

舉例來說，當你正在讀英文的當下，看到桌上擺著數學參考書，你可能會開始擔心「不讀數學就慘了」，導致注意力分散。

雖然不見得人人都會受到影響，但光是注視就心生不安，等於注意力被帶到其他事物上了。因此，還是把其他科目的參考書收到看不見的地方為妙。

■ 桌面果然還是要保持整潔，才容易專心

最重要的是目的，也就是「現在是做什麼事情的時間」。如果現在是讀英文的時間，請在桌上放英文參考書就好，全神貫注面對英文。**為自己訂個規矩，就算接下來打算讀數學，也只能等到已經要開始讀的當下，才能把數學參考書放在眼前**。

有些學生主張「桌上雜亂無章才能靜下心來讀書」。這類型的人一定要仔細判斷，桌上的雜物究竟會不會妨礙注意力。畢竟對大多數人來說，桌面愈乾淨，還是愈容易集中精神。

05

重視書桌擺放的位置和方向，讓自己靜下心來

▼打造最適合自己的學習環境

■無法掌握的空間會讓人心生不安

以前我有個學生每個月都會重新佈置一次房間，因為一成不變的房間會讓他覺得無聊。像這樣秉持著自己的原則佈置房間，也是個相當有意義的行為，代表這位同學心裡明白「對房間感到無趣會導致自己分心」。實際上，他的確是個非常聰明的人。

若不喜歡現在的擺放方式，不妨試著調整書桌的方向。

例如：一般人習慣把書桌緊靠在牆壁或窗邊，若換個方向，把書桌轉向房間中央，背對牆壁入座，也許能讓某些人感到更安心。就像到餐廳用餐時，坐在角

有時把書桌轉向房間中央比較理想

落的座位更能靜下心來一樣。

同樣道理，身後那一大片看不見的空間，肯定會導致某些人怎樣都無法專心。尤其是自我肯定感低的同學，多數有焦慮傾向，**時不時就會想起身後那片「自己無法掌握的空間」，難以集中精神。**

有辦法移動書桌的同學，請務必一試，環境舒適度和專心程度都可望獲得改善。

就算不移動書桌，也可以調整讀書方式，像是提醒自己「背書時要移動到房間的角落」等。

06

當天決定是否在客廳讀書

▼配合當天的身心狀況，轉換讀書心情

■偶爾到跟書房完全相反的環境讀書

前面有提醒大家不要在書桌附近放誘惑物（↓詳見126頁），但我們偶爾也可以**「故意到家中客廳讀書」，也就是進入一個跟平常完全相反的學習環境**。

這種方法並不適合從來沒在客廳讀過書的人。

有些人覺得獨自一人待在書房太孤單，再加上國小階段養成了在客廳寫作業的習慣，因此選擇待在有安心感的客廳讀書。我也是其中一人。

客廳是媽媽平常活動的空間，還放了一堆雜七雜八的東西，有時候還會開著電視，**但當這個亂糟糟的空間跟背景融為一體，成了宛如空氣一樣自然的存在後，**

我們就不會特別在意了。

喜歡在咖啡館讀書或辦公的人，一定能理解這種感覺。

■適合在客廳讀書的身心狀態

以我個人為例，我通常會在自己的房間背書，到客廳寫習題。但我並沒有硬性規定自己一定要在哪裡做什麼事情，若覺得「今天應該還能多背幾個英文單字」，我也會直接待在客廳背，實在沒辦法專心時，才會回房間背。

最適合自己的讀書環境，**與當下的身心狀態息息相關**。

若只把電視音量調小就能集中精神，那當然最理想，但若還跟家人抱怨：「吵死了！安靜一點！」代表自己正心煩意亂，這時候最好不要繼續待在客廳讀書。

話雖如此，電視確實很容易導致分心，一定要特別小心。容易被電視聲音影響的人，也可以考慮使用耳塞。

07

昏昏欲睡時，直接小睡15分鐘

▼學習效果會比勉強硬撐來得好

■先想好睡醒後要立刻做哪道問題

讀書讀到昏昏欲睡時，請不要硬撐，直接小睡片刻。無視「睡意」勉強讀書，學習效率會非常差。

一般建議的小睡時間是15分鐘，睡太久容易熟睡，反而爬不起來。最理想的情況是小睡15分鐘後，一睜開眼立刻回歸學習模式，為此，**我們必須在睡前決定1道睡醒後立刻要做的問題，清醒後馬上解題**。驗收睡前剛背好的英文單字，也是不錯的方法。

睡覺方式可依個人喜好決定。

睡沙發容易睡太熟的人，適合趴桌上睡。但像我這種趴睡會壓迫到胸部，睡得很痛苦的人，則適合躺在沙發上睡。

當身體過於疲累時，可能睡醒沒多久又會昏昏欲睡，此時請不要勉強，多預先規劃、增加幾次小睡15分鐘的次數。

■ 多多練習，15分鐘後自然會甦醒

我只要一入眠，通常會睡上好幾個小時，當初我費了很大的工夫練習小睡15分鐘。

小睡前，記得先設好15分鐘的計時器。我練習了整整1個半月後，才總算學會小睡15分鐘。

剛開始，每次計時器響了我都醒不過來，**但現在就算沒有計時器輔助，我依然能在入睡約15分鐘後自動甦醒。長大成人後，這項技能也在工作中派上用場。**

這是我很慶幸當年有好好練習的事情之一，請大家一定要試試看。

08

讀書時，把手機關靜音收起來

▼不去在意手機的存在，也不被手機誘惑

■把手機收到看不見的地方

現代高中生的手機持有率高達90%以上，就連國中生的手機持有率也超過50%。常有家長會請教我該如何解決孩子讀書時滑手機的問題。

「我家孩子只顧著滑手機。」這是家長們的共同煩惱。

手機只要擺在桌上，我們就會不由自主遭到吸引，連大人也無從倖免。就算調成靜音模式，只要螢幕跳出通知，大家也絕對會忍不住拿起手機。即便忍得了一時，也很難繼續專心。

有心想認真讀書的人，讀書時一定要把手機收到視線範圍外，並調成靜音模

式。請務必遵守這項規矩。

「收到朋友傳來的LINE訊息，一定要馬上回覆才行！」最近似乎有很多學生因此備感壓力。若是真正的好朋友，最理想的相處方式應該是在讀書前先傳訊息告知。例如：「我接下來要專心讀書囉！」、「我要去讀書了，先調成靜音喔！」、「一起加油吧！」

■ 嚴格遵守休息時滑手機的時間

休息時滑手機當然沒問題。

但要注意的是，一定要**嚴格規定休息時間**。這其實很難做到。

有些人會乾脆完全禁止自己使用手機。

如果只是稍微回個LINE的訊息，或看個5分鐘的網頁，都還不至於太嚴重。

最難控制時間的是Youtube。雖然身為Youtuber的我這麼說好像不太適合，但Youtube影片確實很容易看到欲罷不能。

為了保險起見，還是別在休息時間觀看與學習無關的Youtube影片。

09

只有複習時才能邊聽音樂邊讀書

▼聽音樂轉換心情，維持學習效率

■注意力會集中在音樂上，而非學習

「可以邊聽音樂邊讀書嗎？」」常有學生問我這個問題。如果硬要我回答的話，我會告訴大家**「不要這麼做比較好」**。因為邊聽音樂邊讀書，會導致學習效率降低。

正在專心讀書的大腦，會被音樂吸引。若是有歌詞的曲子，更會導致我們在無意識間捕捉歌詞內容。

有些同學主張「聽音樂能更專心讀書」，但有可能**是因為你專注的對象根本不是書本，而是音樂，所以才會覺得精神抖擻**。

過去在補習班教書時，我曾在學生們的協助下做了一個實驗。我請學生們分別在有聽音樂跟沒聽音樂的狀態下「背15個英文單字」，結果發現**大部分的學生果然還是在沒聽音樂的狀態下學習效率較佳**。

■做不熟的問題和背記時不適合聽音樂

話雖如此，邊聽音樂邊讀書也並非「絕對禁止」的行為。只是有個前提是**只有在複習已經學過的內容時，才能聽音樂。**

例如：想確認自己是否還記得昨天做過的數學問題時。這時候不需要全神貫注，邊聽音樂舒緩情緒邊複習也是不錯的選擇。

不過，若正在做不熟的問題，或像前面提到的正在背東西時，不聽音樂也許10分鐘就能解決，音樂一播下去，可能得耗上30分鐘的時間。既然如此，倒不如用10分鐘的時間專心讀書，就能多出20分鐘的時間悠閒享受音樂了。

10 睡覺和吃飯都不能馬虎

▼好好管理健康狀態，穩定專注力

■絕對不能犧牲睡眠時間

專心讀書的必要條件之一是管理好自己的健康狀態。我最重視的健康管理法是「睡飽」跟「吃飽」。卯起勁來認真讀書的人，特別容易忽視這兩個重點。

一般人在安排好學習計畫後，若發現時間不夠，通常會選擇犧牲睡眠時間。請不要這麼做，睡眠不足會導致專注力和學習效率大幅降低。

我當初考大學時，也曾把2、3個小時的睡眠時間拿來讀書，結果學習效率愈來愈差，白天時常常腦袋一片空白，想不起前一天學過的內容，最後連身體都搞壞了。

制定學習計畫時，務必以「絕對不能犧牲睡眠時間」為大前提。想幫助自己養成規律生活、集中精神讀書，最好的方法就是每天定時就寢、起床。

■ 也要重視學習的能量來源——飲食

飲食生活同樣不能馬虎，有些同學會讀書讀到廢寢忘食，絕對要避免如此。若想集中精神讀書，一定要補充必要的能量。

過度限制飲食的減肥方式，也會導致專注力降低。阻止身體吸收必要的養分，思緒自然無法清晰。

此外，**決定一道自己的決勝料理，可望成為激起學習興致的開關。**

我很愛吃媽媽親手做的可樂餅，每次考試前都會拜託她做給我吃。雖然油炸食品不容易消化，但畢竟我已經吃習慣了。若吃下肚後會覺得精神百倍，倒也不必太在意消化的問題，但若是吃不慣的料理，或是生魚片等可能吃壞肚子的東西，還是別在考前吃比較保險。

11

鉛筆盒裡只放精挑細選的文具

▼能減少無謂的找筆時間，專心讀書

■會干擾專注力的鉛筆盒

我常告誡學生「別把鉛筆盒餵成胖子」，鉛筆盒裡只能放精挑細選的文具，才能避免讀書時專注力遭到干擾。

有些同學得花上一段時間，才能從不曉得塞了多少顏色的筆的鉛筆盒中，翻出當下想用的文具。

或許大家會覺得短短幾秒鐘不算什麼，但正在讀書的當下，就算只浪費短短幾秒鐘的時間，也是非常可惜的事情，而且專注力有可能被打斷。

想專心讀書時，只要有自動鉛筆、橡皮擦跟一支3色或4色的原子筆就夠了。還可以多放1、2支螢光筆。鉛筆盒保持苗條，一下子就能找到想用的文具。

以前在補習班教書時，我也會幫學生整理鉛筆盒。我會逐一確認：「這個你需要嗎？還是不需要呢？」請大家務必保留真正需要的文具就好。

■挑選自己喜歡的文具

教了這麼多學生，我有一個心得：**講究文具的人，通常很會讀書**。

所謂的「講究」並不是使用高檔文具。就算是在百元商店購買的文具，這些同學依然會將之當成「自己的夥伴」來愛惜。

憑著自己的主觀感覺，挑選跟自己的手最契合、最好寫的文具。有些父母會購買高級文具給小孩使用，但**比起他人贈送，「親自挑選後購買」才是最重要的**。

絕對不能小看文具的重要性，就算只是個小東西，**也能發揮意想不到的巨大威力，開啟我們的學習開關**。

專欄

5

葉一愛用的各種文具

我想在此介紹一下我愛用的文具。

①是我從高中用到現在的自動鉛筆，具備鎖定式搖動出芯功能，出芯量恰到好處，用到現在依然愛不釋手。但要注意一個問題，這支筆的筆壓偏強，容易導致手部疲累。我通常會選用顏色較深的B、2B、3B筆芯，輕輕書寫。

②的橡皮擦原本我是看便宜才買的，沒想到用了以後愛上它擦起來的感覺，而且不容易折斷。

③的書架能把書本立起來，也很方便好用。

①Zebra：Tect 2 Way Light

②Sakura：Arch

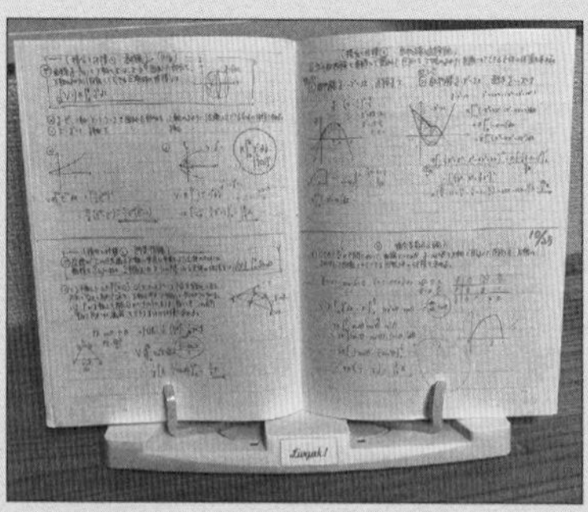

③不但能騰出空間，還能固定書頁。把教科書立起來後，教科書跟自己之間會產生一個封閉空間，更容易集中精神。

第 6 章

把「動力與自信」化為自己的力量

想激發學習動力及獲得學習成果，
絕對不能缺少這股力量。
動力和自信是怎麼產生的呢？

01

重複做簡單的問題，累積解題經驗

▼更樂於學習，動力與自信將油然而生

■「肯努力就有機會破關」的難度最有趣

我非常愛玩遊戲，但我無法體會高難度遊戲的樂趣。最有趣的遊戲難度是「無法保證絕對能通關，雖然困難但只要努力就有機會破關」。

其實這樣的難度也適用於學習。能讓人覺得「有機會解開」的題目，才是讓人覺得最有趣的。由此可知，**享受學習的最佳手段，就是累積大量親手解題的愉快經驗**。

我身邊聰明的朋友都會**先從「明白該如何解題」開始做起**。他們不會一下子就挑戰難題，而是從簡單的基礎題著手。

如果從一開始就挑戰超級困難的問題，幹勁一下子就會被消磨殆盡。最初的5到10分鐘，最好先做能輕鬆完成的問題，就像跑步前先做暖身操一樣。做簡單的問題暖好身後，再來挑戰困難的問題吧！

■ 收穫成果後，學習會愈來愈快樂

請重視自己的直覺。若覺得「今天似乎能先背一點東西」，請在剛開始5分鐘先稍微背幾個英文單字，為自己點燃「嗯，還不賴！繼續加油！」的動力，更容易進入學習模式。

像這樣不斷累積「得到成果」的體驗，自然會湧現出幹勁與自信。

執行減肥計畫時，減重成果總令人心情雀躍；進行肌力訓練時，增加仰臥起坐和伏地挺身的次數，實際感受肌肉成長茁壯，同樣會感到心情愉悅。學習也是相同道理。

雖然得經歷一段辛苦的過程，但還是先以快樂學習為目標，好好努力吧！

02

睡前一定要找一件事誇獎「今天的自己」

▼積極的自我暗示是幹勁與自信的根源

■你今天認真做了什麼事情？

「讀書讀出成果」絕非易事，縱使今天埋首苦讀，明天成績也不會突飛猛進，必須先認真苦讀一段時間後，努力才會開花結果。

很多人在得到結果前，會先變得疑神疑鬼，懷疑「是否真的能得到結果」。有個方法很適合這樣的人。

這個方法就是**在睡前誇獎「今天的自己」**。最好找3件事來誇獎自己，如果找不到3件事，至少要找1件事。多麼微不足道的小事都無所謂，找1件小事肯定自己今天的努力後，再上床睡覺。

人在養成自我誇獎的習慣後，會變得非常積極樂觀。很多科學論文、書籍都有談過這個現象。

也有同學在實際嘗試後跟我說：「誇獎自己一段時間後，我的想法變得很正面。」正向自我暗示是提升自我肯定感，以及激發動力與自信的重要關鍵。

■「你的運氣很好，別擔心！」這句話人人都說得出口

對於不曉得該如何誇獎自己的同學，我會建議他們使用另一種方法。這是一種自我暗示法。高中時，我是個想法非常負面的人，持續使用此方法兩年後，我的想法產生了劇烈的變化。

只需要站在鏡子前，跟自己說：「你的運氣很好，別擔心！」希望大家能趁每天站在浴室鏡子前刷牙等時間點，對自己說這句話。

如果你對自己說：「你很會讀書。」你的內心可能會反駁：「我成績不好。」不過，若改口說：「你的運氣很好。」你也許會慢慢接受：「咦？好像是真的耶。」語言的力量是相當有影響力的。

03

獎勵與懲罰？懲罰與獎勵？

▼努力後的獎勵能激發動力

■認真準備下次考試的動力來源

讀書的獎勵一定要留到最後才給。若太早得到獎勵，接下來只會不斷遭受懲罰，使人失去忍耐的目的。

很多父母會對孩子說：「已經買○○給你了，下次考試要認真讀書喔！」這就是太早給獎勵的典型例子。

對小學生說：「已經買點心給你吃了，快去寫作業！」也是同樣的狀況。已經吃到點心的孩子，沒辦法找到寫作業的意義。

既然如此，該怎麼做才好呢？

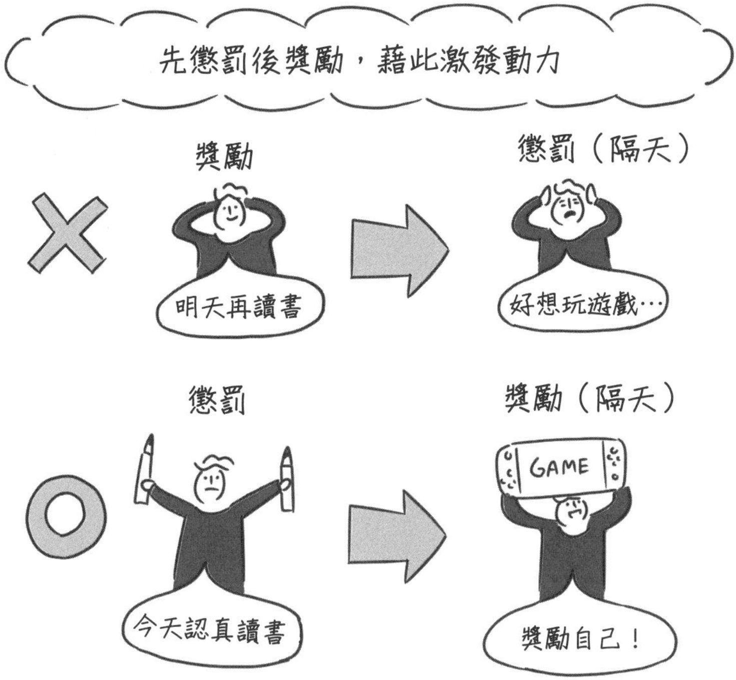
先懲罰後獎勵，藉此激發動力
獎勵
懲罰（隔天）
明天再讀書
好想玩遊戲…
懲罰
獎勵（隔天）
GAME
今天認真讀書
獎勵自己！

最好的方法是由孩子跟父母說：**「我有認真讀書了，買○○給我！」**雖然我不敢保證每個人的父母都會答應就是了。

並不是只有花錢買的東西才叫「獎勵」，**認真讀書後讓自己放鬆休息，也算是「獎勵與懲罰」中的獎勵。**

正因如此，原則上我們不能縱容自己「今天好好休息，明天再加油」。

而是要告訴自己「今天要認真讀書，把進度完成後，明天就可以稍微喘口氣」。

04

把對父母的煩躁感用在讀書上

▼把結果展現給父母看，自己也會如釋重負

■只有讀出結果才獲得父母的理解

有沒有人覺得父母最近「很煩」呢？

我相信一定有人會點頭……畢竟在這個非常時期，大家肯定時常被唸東唸西。

只是稍微休息一下而已，就會被父母質疑「是不是又在玩遊戲」，但自己「明明就很努力讀書」，總覺得心裡不是滋味。

這沒有誰對誰錯，父母只是擔心你，才會忍不住想唸一下而已。

讓雙方都開心的最快方法，就是讀書讀出成果來。被唸到心煩意亂時，請把這份不甘心化為讀書的動力！

■ Youtube的教學影片至今仍遭到誤解

我個人認為，經常碎碎念，並不會為孩子帶來正面影響。

本書最後寫給家長的章節也有提到這個問題，請務必一讀。

聽說有些同學看我的教學影片看到一半，竟然被斥責：「你為什麼在看Youtube？」「看Youtube怎麼可能讀好書！」

畢竟在父母親年輕的時候，Youtube還是個容易遭人誤解的媒體，但現在Youtube已經是個充滿各類教學影片的平台了。

看Youtube遭到斥責的同學，更應該努力讓父母看到優秀的學習成果。若能借助大家的力量宣導**「現在就算看Youtube也能讀好書」**，我也會覺得非常開心！

05

將負面情緒轉換成力量

▼負能量也能成為一股強勁的學習動力

■不必一味地仰賴夢想和希望

大人總想傳遞正能量給孩子，老愛把夢想和希望掛在嘴邊，**但其實那些難以啟齒、混沌又陰暗的情緒，更有機會發揮出驚人的力量。**

我在國中階段曾遭到霸凌，想法變得十分負面，甚至找不到「活著的意義」，但最後我把「絕對要讓大家對我另眼相看」的陰暗情緒化為原動力，採取各種行動，進而造就了今日的自己。

我之所以會繼續當Youtuber，其實也是想讓以前攻擊我的酸民刮目相看。

相信同學們在日常生活中也會遇到各種不平與不滿，請務必把這份「負面情緒」用在讀書上，將之轉換為讀書動力。

■讀書的目的是突破自身現狀

負面情緒一旦朝著錯誤的方向發展，恐引起諸多麻煩，但若朝著適合自己的方向發展，將成為一股強勁的力量。

其實就有一派說法認為，人對當下的「現狀」心存不滿，想要突破現狀、拓展自身可能性時，才會產生學習、鑽研某事的動力。

我相當認同這個說法，因為當初我也是為了改變負面的自己才展開行動。**負面情緒並沒有什麼不好，只是希望大家能把這份情緒轉換成刺激自我成長的行動力。**踏出第1步是最困難的，但若不喜歡現在的自己，卻又不採取任何能打破僵局的行動，那麼一切都不會改變。

學習也是能幫助自己強化自信的一種手段。

盡量多累積成功的學習經驗

▼累積小小的成功經驗，迎接巨大的挑戰及未來

■國中的學習成果，是人生金字塔的地基

挑戰後順利得到成果的成功經驗，能幫助人建立自信，激發出迎接新挑戰的動力。即使是微不足道的成功經驗，依然會聚沙成塔，強化我們的能力，使我們足以迎接巨大的挑戰。

國中生收穫成功經驗的最快方法，就是得到學習成果。先收穫小小的成功經驗也沒關係，在日積月累之下，終將形成碩大的戰果。

學習就像蓋金字塔一樣，一層層堆砌而成。**國中3年間打下的地基，將會對往後的人生造成巨大的影響**。若此時地基只蓋了一半，日後搭蓋的金字塔高度也

會大打折扣。

因此，希望大家都能趁國中階段打穩地基，佔地愈廣越好。

■ 培養讓努力開花結果的力量

國中學的因式分解公式，出社會後幾乎派不上用場，但**不會有大人後悔：「早知道就不要學因式分解了！」**……應該啦！

大人們會說：「我以前有學過因式分解呢！」別說後悔了，他們的語氣裡甚至帶了幾分驕傲。我想大概是因為，重點並非因式分解是否能派上用場，而是大人們得到了「我曾經努力解題」的成功經驗。付出努力後開花結果的經驗，一定能為人增添幾分自信。

像我們這些Youtuber，表面上看似光鮮亮麗，其實大家為了塑造出這樣的形象，背地裡都下了許多苦工。各行各業都是如此。

我認為同學們應該趁現在好好努力，累積開花結果的經驗，培養勇於挑戰的力量，這樣無論將來選了哪條道路，都絕對會加分。

07

接納情緒消沉的自己，先動起來再說

▼成為無論處於何種狀況都能勇往直前的人

■相信大家絕對能往前踏出一步

國中階段是個多愁善感的時期，被他人的話語傷害、人際關係出問題、學習或社團活動得不到理想的成果等，都有可能造成情緒低落。

有時就算沒有明確的原因，也會無緣無故陷入情緒低潮。身處這類狀態的當下，實在很難集中精神讀書。

時間會沖淡一切嗎？會不會在某個契機的影響下重新振作呢？沒人知道答案，但從本質上來說，低落的情緒不會一直萎靡不振，盪到谷底的心情也不可能永遠沉在谷底。

就算只讀一點書也能增加自信呦

任何人都會有心情不好的時候，**請務必先建立起一個觀念——「情緒消沉並沒什麼大不了的」**。

千萬別責備自己「為什麼我要為了這種芝麻蒜皮的小事煩惱？」或「為什麼我要這麼猶豫不決？」等，把跌到谷底的自己推向深淵，陷入惡性循環。

為了避免如此，**請先試著往前踏出一步**。就算陷入低潮，一定也有能力可及之事。只要低潮期有採取行動，日後遇到緊急狀況自然能動起來。

假設平時的學習量是100，今天只完成10或5都無所謂，有前進最重要。這樣一來，就會產生「我就算狀況不好也能完成5！」的想法，把自己正當化，得到繼續前進的動力。

08

事先準備好能激發動力或轉換心情的絕招

▼想轉換心情時立刻使用絕招

■無法專心學習時，以複習為主

任何人難免都會有提不起勁的時候。當我們無法集中精神專心讀書時，要怎麼做才好呢？在此提供兩個解決方法。

解決法①：改變學習內容

提不起勁的時候，**最好不要接觸陌生的練習題、沒背過的內容等需要消耗能量的學習內容。**建議趁此時重背一次昨天背過的內容，或複習已經做過的練習題。

解決法②：直接豁出去休息1小時**做自己喜歡的事情來轉換心情**。若短暫休息後仍無法集中精神，也許是因為身體能量短缺，已經累到筋疲力盡了。

我的老家在群馬的鄉下小鎮，以前讀書遇到瓶頸時，我都會爬上屋頂，眺望城鎮的景色。有時我還會騎腳踏車到附近的利根川，在河堤邊度過一整天。我很喜歡看水景，在四面無海的群馬，河川成了我的療癒聖地。

等到心情平復後，我會從口袋裡拿出單字本來背。**請大家務必找出能幫助自己轉換心情的方法。**

09

調查當地的高中，描繪自己的夢想

▼描繪出夢想的輪廓，能激發出動力

■也要調查從當地高中畢業後的出路

就像前面提過的，最好趁國一時就先查好當地有哪些高中，方便制定從當下到大考為止的學習計畫（↓詳見50頁）。**除了每間高中的偏差值跟特色以外，最好要同時調查學長姐們「畢業後的出路」。**

多數國中生尚無明確的人生目標。然而，選擇不同的高中，畢業後能選擇的出路也會跟著改變。

盡可能多調查「〇〇高中有多少人考上國立大學」、「△△高中有一半的畢業生直接就職」等資訊。

高中畢業後是要升大學呢？還是要轉技職呢？有很多不同的選擇。別忘了跟父母討論，謹慎思考自己的將來。**目標愈具體會愈有幹勁。**

■ 豎立逐夢天線，好好培養自己的興趣

大人們常說：「要懷抱著夢想！」但大家真的有將來的夢想嗎？我敢說半數以上的國中生應該都沒有夢想。

懷抱夢想確實能認清自己該努力的方向，但也只是這樣而已，大可不必慌慌張張地尋找夢想。

不過，**請大家一定要豎立尋找夢想的逐夢天線。「自己辦不到」、「自己沒有才能」等想法，都會成為天線的阻力。**

「竟然有這種工作，好像很有趣耶！」在電視上看到有興趣的職業時，一定要立刻上網查詢，就算查詢後發現「這完全是我沒興趣的事情」也沒關係。

請務必好好培養自己的興趣，也許某天能找到真心認為「適合自己」的領域，敲開未來工作世界的大門。

10 保持自己的學習步調，戰勝升學考試！

▼培養決斷力、創造力、自我控制力、續航力

■國中升高中的升學考，是人生最大的關卡之一

在國中階段，對將來影響甚鉅，又能帶領自己成長的最重要活動是什麼呢？也許有人會回答社團活動或戀愛，但對絕大多數的國中生來說，答案其實是**升高中的升學考**。現在聳立在大家眼前的「升學考」，無疑是人生中最大的關卡之一。

整整1年持續朝著同樣的目標奮鬥，在漫長的人生中也會是絕無僅有的體驗。年僅15歲就得面對如此不得了的大事，必定會陷入痛苦掙扎。煩惱源源不絕，途中一定會遇到難以解決的棘手狀況，連情緒控管也成了一大難題。

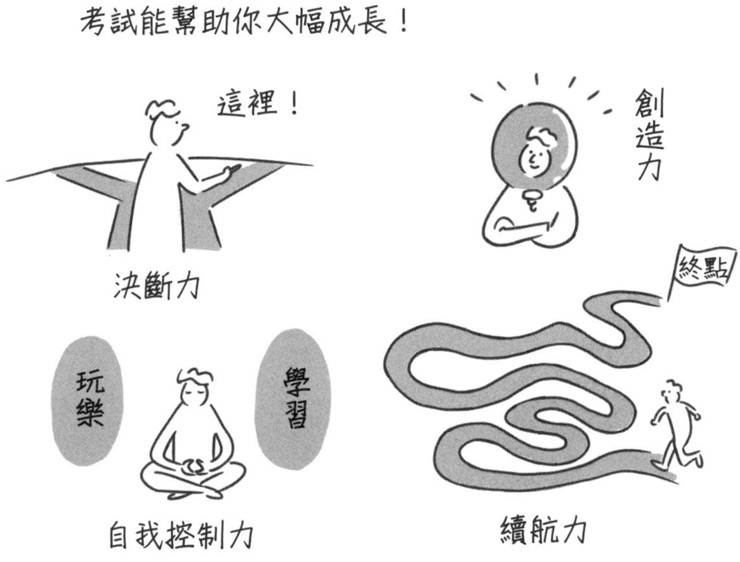
考試能幫助你大幅成長！
這裡！
決斷力
創造力
終點
玩樂
學習
自我控制力
續航力

不過，一旦衝破這道關卡，就能獲得強大的力量。

這些力量包括能靠自己做決定的「決斷力」、絞盡腦汁解決問題的「創造力」、專心讀書並沉著應對的「自我控制力」、充滿幹勁朝著目標前進的「續航力」等，全都是一生受用的能力。

我個人認為，**考試是一項能測驗出我們自己各方面的實力，讓我們大幅成長的一項重要活動**。想在將來結出豐碩的果實，現在這個腳踏實地播種的階段，正是該力爭上游的時刻！

專欄

6

能帶給我動力的漫畫跟音樂

和學習沒有直接關聯的事物，有時候可以帶給人滿滿的動力。

對我來說，這類事物是漫畫跟音樂。我看的並非教育漫畫，也不是以學習為主題的漫畫，純粹是劇情有趣的一般漫畫作品。

高中時我很沉迷《灌籃高手》。看著勇於突破難關的主角櫻木花道，讓我興起「想要認真加油」的念頭。

我也很愛看《怪醫黑傑克》。黑傑克秉持自我的生存之道感化了我。

至於音樂方面，當年我很喜歡濱崎步，三不五時就會聽她的歌。

請大家一定要好好珍惜能開啟自己的動力開關的事物。

真心推薦《灌籃高手》這部漫畫。同學們的爸爸還年輕的時代，幾乎人人都是《灌籃高手》的粉絲。這部作品在當年可是跟現在的《鬼滅之刃》一樣，引起一陣社會級現象。要特別小心的是，一翻開可能就停不下來了。

第 7 章

充分利用網路影片自學的技巧

本章將傳授各種小技巧，
教大家把葉一 Youtube 頻道的教學影片
活用於在家學習！

＊致台灣讀者：本章將部分介紹作者以日語上傳之教學影片，內容僅供參考。

葉一的教學影片能完整講解整本教科書

■ 網羅教科書裡所有沒說明清楚的地方

我開設Youtube頻道的目標是「把教科書從頭到尾拍成完整的影片」。

我第一次上傳影片的時間是2012年6月1日。從那天開始，我一點一滴地把教科書製成教學影片，終於在6年後達成目標。

舉例來說，我的頻道裡**有80幾支8年級數學的教學影片，若全部收看完畢，等於學完了整本8年級數學的教科書。**

一般Youtuber通常會挑出觀眾普遍感興趣的單元，製作受眾規模較廣的教學影片。不過，不管書裡有多少沒人想看的單元，我依然堅持把整本教科書製作成教學影片。

雖然礙於著作權問題，國文科無法直接使用教科書裡的文章，我只好改成純粹講解文法的形式，但依然**涵蓋了整本教科書的內容**。英文、數學、理化、社會等科目，也都有完整的教科書教學影片可供觀看。

我還想挑戰其他類型的教學影片，說不定一輩子都拍不完呢！

正因為我非常講究影片內容，所以才堅持在白板上寫獨創的字體、故意不上特效字幕、不刻意剪接編輯等。有太多製片創意和辛酸血淚想跟大家分享，但真的講下去恐怕會完全偏離本書的主題，我還是默默地把這些話吞回肚子裡吧！

為了幫助同學們更有效率地進行在家學習，接下來我將介紹能把我的教學影片淋漓盡致運用到學習中的各種秘訣。

01

若不知該從何讀起，就從學校正在教的地方開始複習

▼能反覆觀看課堂上聽不懂的地方

■能隨心所欲觀看每支影片

先跟大家說明一下，我的影片的定位是「任何人都能自由自在地、用最舒適的方式觀看」。

並沒有「事先非看不可的影片」，請從自己感興趣的影片開始看起。

如果還是不曉得「要從哪支影片著手」，**那就從學校正在教的地方開始看起，把影片當成複習工具。**

從頻道主頁的播放清單尋找自己的學年跟想看的科目，點進去後就會看到依教科書單元排序的影片列表。

把教學影片運用到淋漓盡致！

光看影片標題就能得知教學內容。

課堂上只聽一遍無法理解的地方，都可以透過我的教學影片反覆確認。

網頁版的頻道主頁

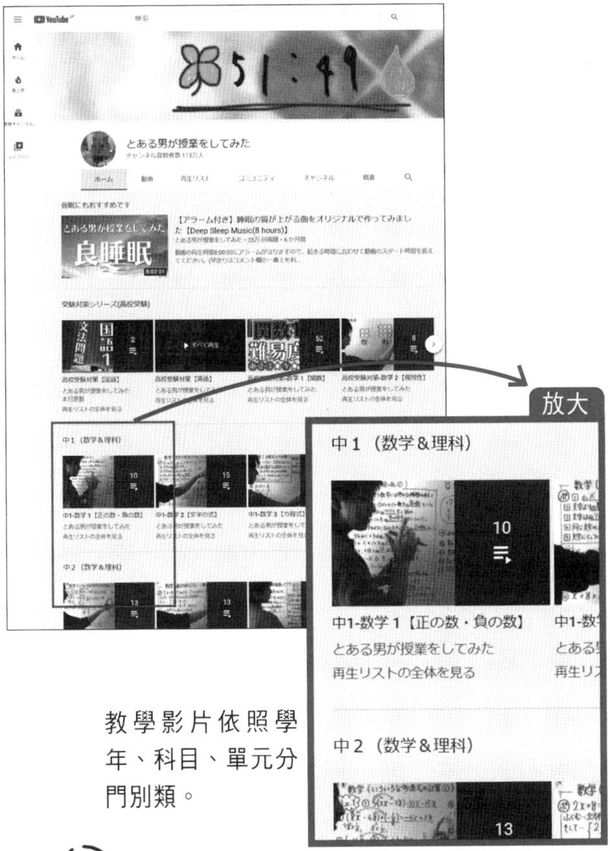

教學影片依照學年、科目、單元分門別類。

如果今天在學校上課時有聽不懂的地方，不妨看我的教學影片複習！

02

複習時，不用從頭看到尾

▼只看自己需要的複習內容，迅速瀏覽影片

■ 適時快轉，只確認必要的內容

建議大家在看我的影片複習時「盡量不要從頭看到尾」！

預習時若沒有完整觀看影片，絕對一知半解，但複習的目的只是驗收課堂的學習成果，一定會有已經透徹理解、不必花時間重看的段落。

就像第4章為大家推薦的學習內化習慣（↓詳見90頁）一樣，在學校上課時，若發現有聽不懂的地方，或有不確定的地方，請立刻在筆記本上做記號，以便回家複習。

把教學影片快轉到跟這類記號相關的部分，專心看這些段落就可以了。

再教大家1個更具體的方法。

首先，**在影片開頭列出所有問題的畫面先按暫停，嘗試解題。**藉此迅速判斷自己是否理解問題。**影片的最後會公布答案，請直接快轉到後面對答案。對完答案後再把影片快轉到錯誤問題的解說部分。**

觀看教學影片時的 3 個建議步驟

步驟1
挑戰影片開頭的問題

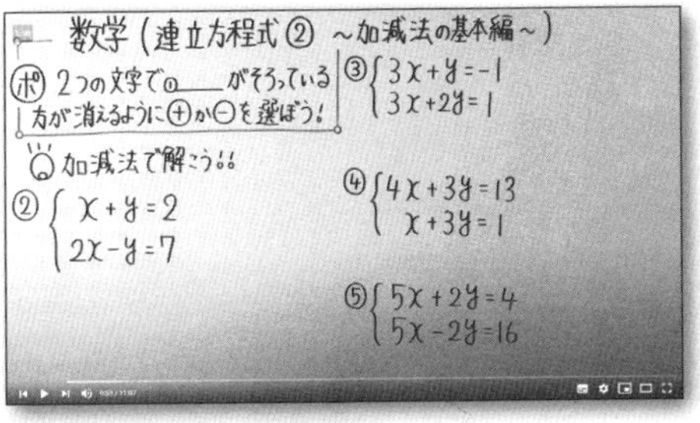

步驟2
快轉到影片最後對答案

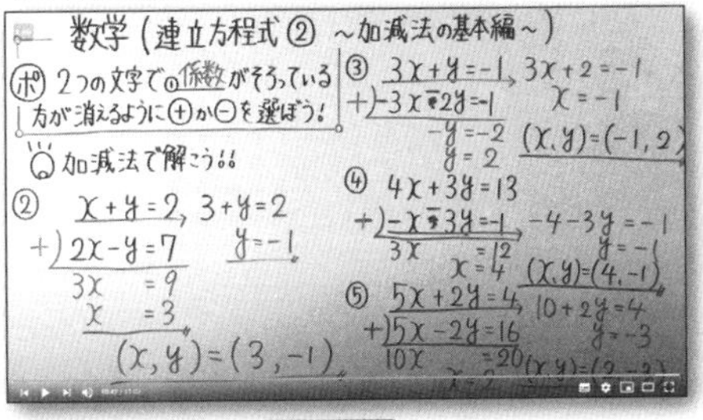

步驟3
只看錯誤問題的解說

可在上課前觀看教學影片來預習

▼當我們充滿幹勁時，拿手科目的進度會不斷提前

■在上課前一天先看影片，提前掌握重點

我原本是希望同學們能用我的教學影片來複習學校的授課內容，所以才按照教科書進度製作影片，沒想到有很多同學用我的教學影片來預習。

就像前面提過的，複習後如果還有餘力才來預習，但我相信光是如此，還無法滿足某些認真向學的同學，所以接下來我會介紹用教學影片進行預習的方法。

聽說那些用我的影片進行預習的同學，會在**得知學校明天的授課範圍後，先利用教學影片掌握重點，做好聽課準備**。

「我在學校上課前先看了這支影片，沒想到老師講什麼我都聽得懂！我要繼

提前看影片預習，上課時能更快理解

續看影片來預習！」他們會留下類似這樣的留言。其實我並沒有教大家這麼做，這是學生們自己找到的合適觀看方式。

就像前面提過的，全科目平均分數尚未達標的人，別急著一次顧好5個科目，先鎖定2個科目進攻就好（↓詳見66頁）。像這樣有了拿手科目後，預習時說不定會愈來愈樂在其中，想要一直讀下去。

甚至有超強小學生看我的影片自學後，順利通過高年級的數學檢定考。希望大家都能親身體驗這種沉浸在學習快樂中的感覺。

04

利用加速播放觀看教學影片

▼能節省時間，主動集中精神觀看影片

■不管預習還是複習都建議使用此技巧

聽說有很多用我的影片進行預習的同學，都喜歡使用加速播放的功能。據這些同學所述，就算開到最快的2倍速，我的咬字依然清晰好懂。其實懂得預習的同學通常成績都不錯，即使影片速度快上2倍也不妨礙理解，但就算撇除掉這點，我依然建議大家加速播放，因為這樣**更能集中精神**。用兩倍的速度播放15分鐘的教學內容，只需要7分半的時間就能瀏覽完畢，不僅能**節省時間**，而且**用2倍速播放時，還會萌生出「一定要專心聽講」的意識，跳脫被動收看影片的心態，改採主動學習的態度**。

此方法**不只能用在預習，複習時也能積極應用**。把影片調整到自己聽得懂的速度，也是需要留意的重點之一。

若覺得2倍速太快聽不清楚，就放慢到1.75倍或1.5倍聽聽看。

像這樣把各科目的教學影片調整到最適合自己的速度，有助於提高專注力，更容易留下深刻的記憶。

加速觀看的優點
專注力
・省時！
・為了聽清楚內容會更專心聽講！
現在無論是用電腦的網頁版還是手機版都能輕鬆設定播放速度，請務必一試。

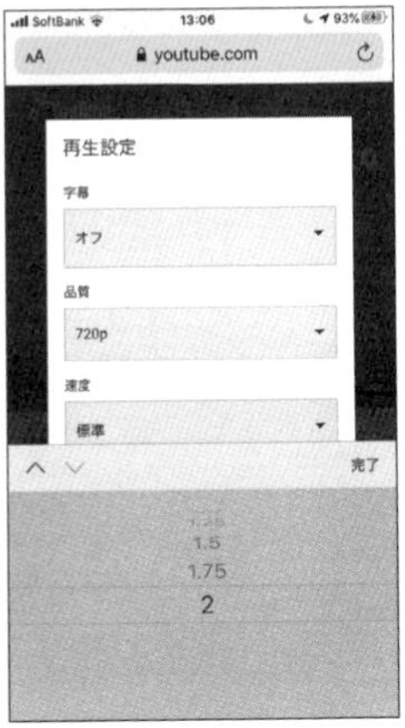
youtube.com
再生設定
字幕
オフ
品質
720p
速度
標準
完了
1.5
1.75
2

參考
左：手機畫面
下：電腦網頁

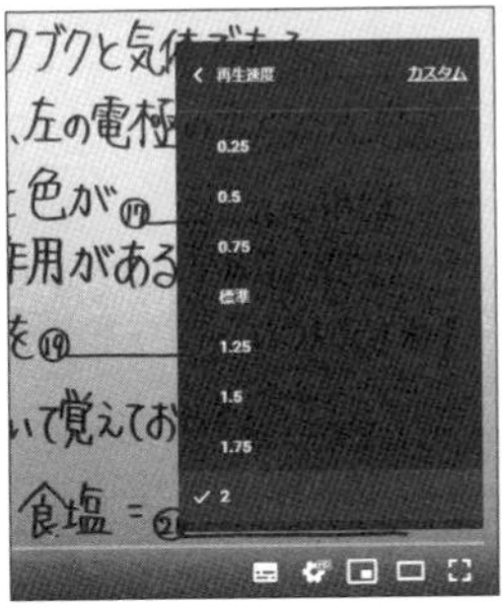
再生速度
カスタム
0.25
0.5
0.75
標準
1.25
1.5
1.75
2

05

在準備段考時觀看教學影片

▼能在做習題前重新複習一次

■目的是強化考試範圍的基礎

每逢段考季，我的影片的觀看人數總會有增加的趨勢。實際詢問同學們後得知，**很多人會在「決定要認真讀書」的當下，也就是剛開始準備段考的時候收看影片**。

在透過做練習題等方式進行知識輸出前，**先利用符合考試範圍的教學影片強化基礎，是效果絕佳的段考準備法**。

重新確認一次「果然不太熟」或「不拿手」的地方，也是克服弱點的有效方法。

像這樣透過教學影片，揪出段考範圍內沒準備到的內容，並掌握自己的弱點後，將會明白自己必須重視哪些題型、必須背記哪些重點，更有效率地提升段考分數。

段考前觀看教學影片能發現自己的弱點

段考前兩週
下次社會段考的範圍是從幕末到明治喔…
嗯
來看一下葉一的影片好了…
明治
・地租改正
・徵兵令
・學制
三大改革
驚
心
慘了…真的有學過這些東西嗎…？

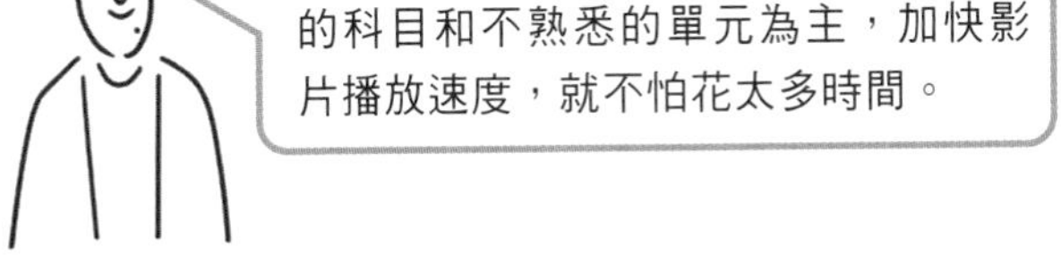
不需要完整複習考試範圍，以不拿手的科目和不熟悉的單元為主，加快影片播放速度，就不怕花太多時間。

06

準備升學考試前全看一遍，確認不熟悉的地方

▼能補強不拿手的部分，還能揪出漏網之魚

■有餘力的同學不妨觀看「升學考對策」系列

很多程度不錯的同學在升學考前還會「把依照教科書進度的教學影片全看一遍」，因為這麼做**能夠克服自己的弱點，揪出從沒注意到的漏網之魚**。

此時同樣建議大家加快播放速度。當你迅速瀏覽影片中的問題時，若能立刻想出解題法，確定自己「懂得解題」，請直接跳過該問題，但若**「想不出解題法」，代表你抓到了漏網之魚**。

我有專為考生整理一個影片清單，名叫**「升高中升學考對策」系列**。

雖然一直以來我的教學影片都是以教科書的內容為中心，但由於有很多觀眾

「升高中升學考對策」系列 有 2 種程度的教學影片

有豐富延伸題的影片

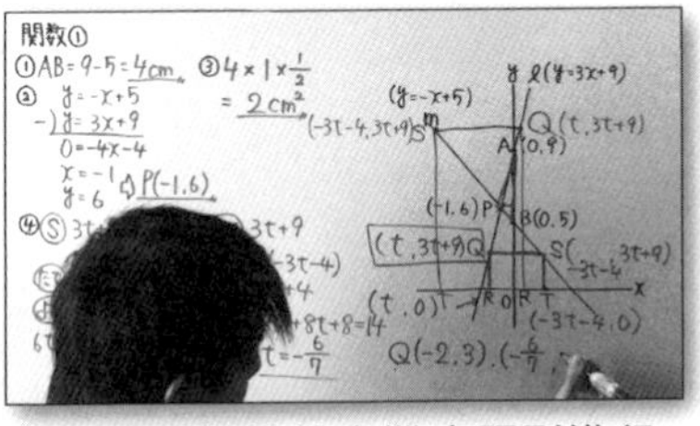

針對難考學校的高難度題型進行解說的教學影片。

以基礎題為主的影片

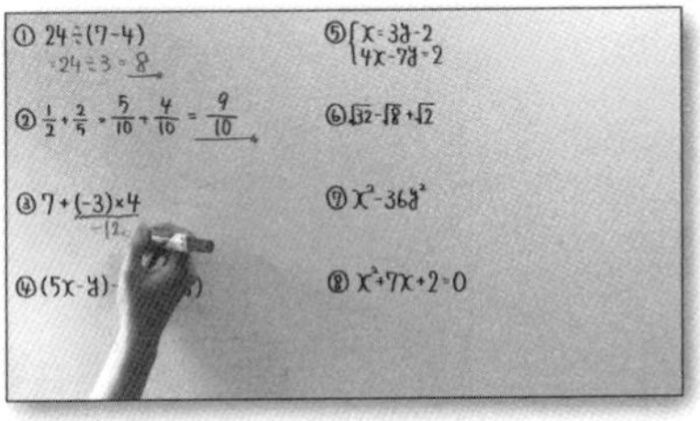

針對升學考、模擬考的必考問題進行解說的教學影片。簡稱「必考系列」。

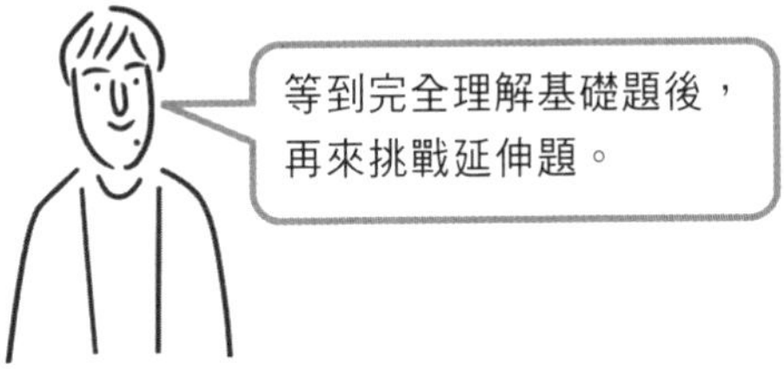

朋友希望我能製作「內容更深入的教學影片」，因此我特別製作了這個「升高中升學考對策」系列。

不同於基本的教科書系列，此系列的主軸是升學考的考古題。

當然，貿然挑戰此系列也許會有點吃不消。對自己的基礎能力沒把握的同學，請先從教科書系列開始看起。

收看直播節目《一起來讀書》

▼跟大家共同度過，能集中精神讀書

■ 看葉一專心作業的直播影片

現在我每週會不定期開兩次直播節目**《一起來讀書LIVE》**。直播時，我會用固定鏡頭拍攝自己讀書或作業的模樣，時間從45分到1小時不等。

開場時我會先閒聊幾分鐘，等到預定時間後，我會安靜進入作業模式。大家可以配合節目時間專心讀書，在預定時間結束前，我都不會看留言。

等到預定時間結束後，我會稍微讀一下大家的留言做個收尾，然後結束直播。

現在我每次開直播都有1千多名觀眾參與。**跟大家一起在同一時間讀書，會**

一起讀書能提升專注力！
現在這個瞬間全國的夥伴們都在認真讀書！

產生一種不能只有自己鬆懈的緊張感，還能獲得安心感，更能集中精神。每次的直播節目我都會保留下來，無法跟上首播的人，可以等到有空再收看。

下定決心「從現在開始至少要認真1小時」等時候，最適合搭配此直播節目，歡迎多加運用。

註：Youtube上搜尋「study with me」，也可找到許多讓大家一起專注讀書的高品質影片。

08

利用葉一的網站「19 Channel」

▼能輕鬆搜尋影片並列印問題

■能把影片中出現的問題列印出來

我有一個名為《19 Channel》的網站，從我的Youtube頻道主頁也能找到該網站的連結。《19 Channel》把影片整理得更井井有條，方便使用者尋找想看的影片，請務必多加利用。

我還把每個教學影片裡出現過的問題都統整成PDF檔案，上傳到此網站，只要點開檔案連結，就能輕鬆列印，方便想印成紙本使用的同學運用。

列印問題的好處在於做過一次後，能把寫錯的問題剪下來，貼在筆記本上。如此一來即能輕鬆製作前面介紹的學習內化習慣「製作錯誤問題筆記」（↓

不光是方便搜尋教學影片，還有經營團隊設計的獨家內容

這是《某個男人試著教課》的支持者們幫我製作的網站。分類清晰易懂，使用者能從2千多支教學影片中輕鬆搜尋影片。

國1

數學 理化 英文

國2

數學 理化 英文

國3

數學 理化 英文

國中 國文、英文

國文文法 文言文 英文

國中社會

歷史 地理 公民 時事

網站上還有經營團隊設計的獨家內容，例如：用聽的方式學習歷史年號和英文單字等的「聽聲背記」專頁等。

詳見112頁）。推薦大家使用此方法。

若多印一份相同的問題，**就能在觀看教學影片時用第1份問題來練習，等看完影片後再用第2份問題來驗收，確認自己是否徹底理解。**

無論觀看教學影片的目的是複習還是預習，都可以把第2份問題當成最終驗收的試卷，會留下更深刻的印象。

09

適時觀看非教學影片的影片

▼能多少點燃幹勁，或放鬆情緒

■當下想看什麼，代表此時需要什麼

除了教學影片以外，我也有錄製其他類型的影片，對正在煩惱學習方法的同學及考生們說一些話。

大家透過影片封面和標題就能得知該影片的主題，請選擇當下有興趣的主題觀看。

我想，**每個人當下「想看」的影片，應該就是此時最需要的東西吧！**

我也是希望大家在觀看影片後能多少燃起一點幹勁，所以才錄製了這些影片。

觀賞教學影片以外的影片，讓自己喘口氣！

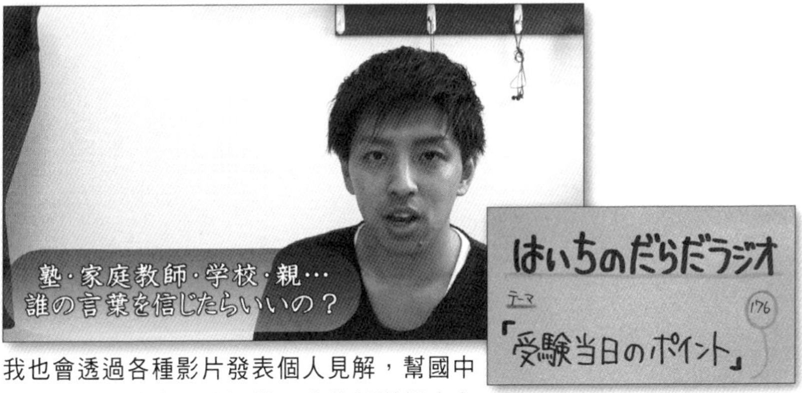

我也會透過各種影片發表個人見解，幫國中生和考生解決常見的煩惱。我的頻道裡也有以聲音為主的「葉一的閒聊廣播」系列。

我曾跟許多知名Youtuber合作拍片。他們的人生觀和讀書的心路歷程，絕對能激起大家的學習鬥志。

我還收集了大家常問的問題，做成一問一答影片。

一問一答主要還是以考試對策、學習等問題為主，我也會解答考生容易遇到的心理問題。

雖然我也有製作給高中生的影片，但除了這類少數影片之外，多數影片針對的觀眾群都是國中生，請大家儘管放心收看。

利用Youtube學習的各種好處

▼也能成為中輟生的學習輔助工具

■能夠在燃起幹勁的瞬間開始學習

利用Youtube進行居家學習有一個最大的優勢：在燃起「我要來認真讀書！」的念頭的瞬間，只要按一下就能立刻收看免費影片，趕在幹勁熄滅前進入學習模式。

但同時也有缺點，那就是不同於到補習班上課，居家學習並無強制性。多數人在家裡特別容易偷懶，得要發揮堅強的意志力，才能強迫自己坐在書桌前。關於這個問題，前面已經介紹了多種解決方法。

其實也有很多中輟生會觀看我的影片。跟家長們聊過後得知，孩子們固然各有無法回校的理由，但最主要的原因是跟不上學習進度。

不過，其中有一位**在家看我的教學影片專心自學的同學，回學校保健室參加段考後，竟名列全校前20名**。自此以後，他對自己更有信心，逐漸重拾校園生活，最後順利畢業。

還記得在讀這名同學的母親寄來的長文感謝信時，我哭到不能自己。

常有人誤會我，我在此澄清一下，我拍攝教學影片的目的並不是想取代學校或補習班，我從來沒有這種想法，我反倒希望能成為學校及補習班的輔助工具。

Youtube是跟國中生最親密的媒體。「竟然能用Youtube讀書喔？」很多同學訂閱我的頻道只是出於好奇，而我也像是推廣試吃產品的店員：「反正不用錢，來試吃看看吧！」試吃後有些人會覺得「好吃」，有些人會覺得「難吃」。

但由於試吃後**也有可能會驚覺「沒想到世界上竟然有這麼好吃的東西」，所以還是希望大家先吃吃看再說。**

若發現教學影片對自己有幫助，請一定要善加利用！

專欄

7

眾所矚目的教育型Youtube頻道

最近教育型Youtube頻道如雨後春筍般冒出！

除了我的頻道以外，《Try IT》也是以國、高中生為主的頻道。《Try IT》不愧是家庭教師TRY經營的頻道，內容非常充實。

針對小學生的頻道《小島義雄的Oppappi小學》（小島よしおのおっぱっぴー小學校）內容淺顯易懂。儘管以算數為主，依然緊緊抓住國小中低年級孩子的心。

針對高中、大學生的人氣頻道有《像去補習一樣學大學數學、物理》（予備校のノリで学ぶ『大学の数学・物理』），以及由東大團隊經營的《PASSLABO》等。

這類免費教育資源愈來愈豐富，輕輕鬆鬆就能在家享受高品質教學。

有名礙於經濟因素無法接受正規訓練的非洲選手，在透過Youtube自學技術後，成功獲選為奧運選手，一舉成名。

學習也是如此，利用Youtube學習，想進步多少都不成問題。

第 8 章

家有國中生的家長，必須知道的事情

最後，我想對家長們說一些話。
從「培養受用一生的在家學習力」的層面來看，
您的孩子正處於關鍵時期。為了成為孩子們的後盾，
我整理了幾個希望家長們落實的重點。
國中生在讀了本章後，
說不定也能體會到父母親的辛勞，
有空時請務必一讀！

寫給家長

01

培養孩子們的自主性

▼不要念東念西，也不要單方面認定

■極度缺乏自主性的孩子們的共同特徵

國中生正處於從小孩成長為大人的轉折期，但在父母眼中，國中生還不成熟，總會忍不住操心，經常單方面要求孩子「去做○○」。這對孩子來說是一件幸福的事情，因為不用自己做決定，實在太輕鬆了。

然而，**凡事都一個指令一個動作的孩子，以及認為「媽媽說什麼都是對的」的孩子，往往會變得極度缺乏自主性。**

我也有兩個孩子，現在分別是4歲跟7歲。我認為父母的職責是**「給孩子選擇權」**。不管是學習才藝還是其他事情，很多父母會逼迫孩子學習，但如此一來，將難以培養孩子本人的自主性。

不懂得主動思考、自主行動，學習效率絕對會愈來愈差。個性認真的孩子也許能有一定程度的成長，但依然會面臨巨大的阻礙。

■ 重點是要主動思考後做決定

我在教孩子時，通常會要求他們「自己做決定」。我會先提出各種方法，讓他們思考哪些方法適合自己，然後親自做選擇。這也是協助孩子培養生存能力的重要過程。

上補習班或參加遠距教學課程的孩子常有態度過於被動的問題，來上課只是因為「爸媽叫我來」或「因為朋友也有在上」。無論該課程有多厲害，若沒有主動學習的熱誠，效果也會大打折扣。

以參考書為例，我明白家長們想幫孩子精挑細選的心情，但我還是**建議讓孩子自行挑選後再購買**（↓詳見43頁）。

別光看網路上的介紹，親自走一趟書局，實際翻閱後，順從自己的直覺，挑選「這本應該不錯」的參考書，能獲得一股極為強大的力量。現在市面上賣的參考書都有一定的水準，請放手讓孩子自由選擇。

寫給家長

02

傳達真正重要的事情

▼斥責跟鼓勵的比例應為1比9

■連小小的努力也獲得認可，會有更大的成長空間

有沒有家長三不五時就忍不住對青春期的孩子碎碎念呢？擔心孩子們的未來，「希望孩子們這麼做」、「希望孩子們改變」，到頭來只剩下斥責與鼓勵的「斥責」而已。請家長務必留意，**斥責跟鼓勵的比例應為「斥責」1成、「鼓勵」9成**。

沒有9成的鼓勵與讚美，再怎麼斥責孩子也聽不進去。為了傳達真正重要的事情，請把斥責的比例控制在1成就好了。

「有沒有偷懶」、「有沒有認真讀書」，孩子們其實都心知肚明。若家長只

會連珠炮似地喊孩子好好讀書，孩子也只會回嘴：「我知道啦！」導致親子的心理距離疏遠。若家長真心想幫孩子激發動力或建立自信，應該要先看到孩子的努力，不管是多麼微不足道的努力都無所謂。

尤其是**收穫結果前的整段奮鬥過程，應盡量多給予鼓勵。**這將是關乎最終成果的重要關鍵。

■ 孩子們意外地懂得察言觀色

孩子們察言觀色的能力超乎我們的想像。當孩子進入叛逆期後，跟父母相處的時間減少，變得不愛開口說話，總是擺出一副難以捉摸的表情。但其實孩子只是表面上裝作無所謂，內心仍然相當在乎。

正因如此，孩子會記得父母脫口而出的每一句話，有可能會因此遭受打擊，也有可能會因為一兩句誇讚而暗自竊喜。

過愈久才讚美孩子，得到的效果愈差。**一旦發現值得誇獎的地方，就必須立刻開口**，若事後才想起要誇獎，效果恐怕大打折扣。我經常留意這點，只要一發現值得誇獎的地方，就會趁情緒正沸騰的時候立刻傳達給孩子。

寫給家長

03

避免孩子們產生孤獨感

▼別畏懼分享自己的失敗經驗

■好好利用大人的人生經驗

應該有很多人不願在孩子面前揭露身為家長的煩惱，也不想展現出自己難堪的一面吧？

但我依然全力支持大家**跟孩子分享自己的失敗經驗**。

例如當年打工、找工作的失敗經歷，或是丟臉的往事等，一定能想到很多事情，只是大家應該不太想提起這些回憶吧！不過，**大人比小孩擁有更多的，正是這些人生經驗**。

每個人都曾經成功跟失敗，但人生經歷的失敗經驗卻是壓倒性地多。分享這些經驗的目的並非要強化孩子的危機意識，而是希望大家在適當的時機告訴孩子，自己當初是如何克服失敗或困難。

必須特別留意的是，**絕對不要分享自己的「學習失敗經驗」**，否則反而會讓孩子反感，覺得「反正你就是在暗示我要好好讀書」，得不到太大的效果。

■ 舉目所見全是閃閃發光的成功人士

在這個資訊氾濫的時代，孩子很容易在社群媒體上看到跟自己年齡相仿的成功人士，例如模特兒或藝人等，但現實生活中還有更多形形色色的人，而且那些成功人士也都是歷經甘苦，才有今天的成就。若沒有留意到這項事實，恐怕**會被過度且沒有意義的自卑感壓垮，或更加畏懼失敗**。

家長是跟孩子最親近的大人，正因如此，家長的人生故事和失敗經驗對孩子特別有幫助。事實上，人透過失敗學習，確實能吸收到更多東西。

跟孩子分享失敗經驗時，也許他會冷淡地結束對話，當下不會做出太大的反應，但孩子在知道父母不為人知的一面後，或多或少會受到刺激，等他哪天產生「我也要加油」的想法時，父母的失敗經驗肯定能成為一股助力。因此，請大方地跟孩子分享自己的失敗經驗。

寫給家長

04

提高孩子們的自我肯定感

▼連同自己在內，別拿孩子跟任何人比較

■絕對不能說「因為你是我生的所以沒辦法」

最好不要跟孩子說「自己以前書讀不好」，因為這個話題通常只會導出「自己不會讀書」的結論。雖然自己不擅長讀書，成績不理想，但仍付出了哪些心血，咬牙做了哪些努力——如果大家都能跟孩子分享這些經驗就好了，無奈絕大多數的家長並不會跟孩子聊這些。

不僅如此，**還有一句最要不得的話是「因為你是我生的，所以你不會讀書也沒辦法」**。

家長這麼說的用意也許是想用玩笑話安慰孩子，殊不知這句話不但起不了安慰作用，還會影響到孩子的想法，把讀不好書的事實正當化，甚至產生消極念頭，認為自己「再怎麼努力也毫無意義」。

所以人家常說，若父母的自我肯定感過低，孩子也會連帶受到影響。我們一定要避免把這種負面想法延續給下一代。

■ 不管跟誰比，都不會有好結果

大家都知道，想幫助沒自信的孩子強化自我肯定感時，若拿他跟其他孩子或兄弟姊妹比較，絕對得不到好結果。

不同於前面提到的「因為是我生的所以沒辦法」的父母，懂得讀書的父母**就算沒有把「自己當年很會讀書」這句話掛在嘴邊，內心深處仍存有這樣的想法**。「為什麼這孩子沒辦法跟我一樣好」、「這孩子明明可以讀得更好」等想法，都會誘使父母在無意識間吐出嚴厲的話語。

然而，親子兩代身處不同時代，本來就無從比起，而且遭到比較對孩子來說是一件不幸的事情。其實多數孩子就算沒有跟同儕或兄弟姊妹比較，也會把父母當成比較對象，應避免讓這種狀況發生。

寫給家長

05

該如何面對叛逆期的孩子？

▼不靠太近也不離太遠，保持適當的距離

■不能完全疏離孩子

叛逆期的孩子很難相處對吧！以我跟各類型學生打交道的經驗看來，我認為保持適當的距離感是相當重要的。叛逆期的孩子在某些方面特別任性，正處於「別接近我，但也別離我太遠」的時期。

「吵死了！」被孩子這樣一吼，家長難免會心裡受傷，但其實孩子或多或少知道是自己不對，只是沒辦法好好控管情緒，才會表現出這種態度。

此時家長若真的放任孩子不管，孩子會覺得「父母對我失望了」或「父母放棄我了」，導致親子關係更加膠著。

我認為**父母應扮演好「有任何煩惱都能隨時商量」的角色。**就算沒有直接告訴孩子自己的角色定位，也希望大家能隨時扮演好這個角色。「平常不會刻意接近你，但你有任何煩惱都可以直說！」父母應該把這份心意傳達給孩子。

對正值叛逆期的孩子來說，這樣的存在會讓他們更有安心感。

■我重視雙方面談勝過三方面談的原因

當年在補習班擔任講師時，比起三方面談我更重視雙方面談。雖然要花兩倍的時間和精力，但分別跟學生本人和家長單獨對話，看到的層面會更廣。

正值叛逆期的孩子平時相處起來毫無異樣，但只要父母一在場，表情就會變得判若兩人。當我跟爸爸或媽媽，加上孩子本人一起進行三方面談時，幾乎所有的家長都會在孩子本人面前抱怨他「不好好讀書」、「整天只顧著滑手機」。

不過，當我1對1跟爸爸或媽媽談話時，大家雖然還是會抱怨，但都非常關心孩子，有些人還會坦言：「我很想幫助孩子，只是不曉得要怎麼做才好。」

透過雙方面談得知家長真實的想法後，我會詢問他們：「可以把我們的談話內容跟孩子說嗎？」並轉達給孩子知道。

孩子們也會跟我傾訴他們的心聲，例如：覺得自己害父母擔心了、明明來上補習班成績卻沒有長進，浪費補習費很對不起爸媽等，我同樣會把這些話轉達給家長知道。

有位母親感嘆道，自己的孩子很不乖，在家裡只會喊她「死老太婆」。進行雙方面談後，我發現這孩子其實非常愛媽媽，**他知道自己對媽媽造成困擾，也知道自己遲早得改變。**

我把孩子的心聲轉達給母親，並把母親的心聲傳達給孩子：「你看你媽媽這麼為你著想。你以為媽媽都不理你，其實她超關心你的！」

當然，現實生活中幾乎不會發生「叛逆期的孩子突然態度大轉變」之類的戲劇化情節，請不要抱太大的希望。只不過，像這樣**體會對方的心情，有機會一點一滴修復親子關係**。

日後這名母親跟我說：「雖然花了2、3個月的時間，但這孩子漸漸習慣坐在餐桌前跟家人一起吃飯，偶爾也會聊學校的事了。」

也要注意新冠肺炎疫情造成的壓力

人類對未知或無經驗的事物會抱持著極大的恐懼感，當家中的孩子面臨升學考時，父母親也會倍感壓力，不自覺對孩子嚴厲起來。尤其是現在還受到新冠肺炎疫情影響，家庭內的緊張氣氛是否更加緊繃了呢？這是我非常擔心的問題。

無論如何，孩子們的歸宿終究是各位家長。親子相處難免會有摩擦，請不要表現出「小孩子懂什麼」的放任態度，而是要溫柔守護，也要提醒自己「孩子距離長大成人還有一段距離」，別讓他們失去避風港。

專欄

8

際遇會改變將來的夢想

一直以來我都打算讀專門學校，直到升上高中後，我才決定報考東京學藝大學。

其實我原本是想當音樂表演活動的工作人員。我想從事跟音樂有關的工作，希望長大後成為音響師。

不過，當時的我並沒有明確的動機，只是單純覺得音響師這個職業很酷而已。

之後受到高中數學老師的啟發，我的夢想變成「想當老師」。畢竟眼前就有個理想的典範，對老師這個職業的憧憬自然遠勝於音樂工作。

為了有朝一日達到理想的目標，我決定報考東京學藝大學。當時偏差值連20都不到的我，之所以有毅力咬牙苦讀，最主要應該是因為能得到數學老師的肯定，以及父母的讚美。

我是個很喜歡被誇獎的人，誇獎是促使我行動的最大動力。我想多數人應該都是如此吧？

沒人料得到何時的際遇能成為自己的力量，只要不斷前進，美好的際遇肯定正在等著你。

後記 培養寬容的肚量

■ 好事跟壞事的比例是51：49

「人生中遇到好事跟壞事的比例是51：49」——我很重視這個思維。

我自己本身在學生階段曾遭到霸凌，有很多不開心的回憶。「為什麼我的人生全是這些糟糕事？」我也曾經自暴自棄。

不過，過度執著於這些討厭的事情，一點也不快樂。我很喜歡看天空，每次看著萬里無雲的晴空，我都會覺得心情舒坦不少。

我相信人生中到處都有類似這樣的小幸福。我們之所以會覺得自己不幸，是因為注意力全集中在不幸的事情上了。

總有一天絕對會遇到好事。反正人生還是得過，不如換個想法，告訴自己好事一定會比壞事多。

正因如此，我堅信就算現在遇到糟糕的壞事，往後一定會有更棒的好事等著我，眼下正是咬牙苦撐的關鍵時刻。

■我的人生中最大的轉捩點，是認識了某位老師

其實我已經在很多場合上分享過這個故事了。在我的人生當中，最具代表性的「好事」之一，是認識了某位老師。

高中時，學校來了一位年輕的數學老師，他自我介紹的第一句話便是：「我可不指望你們會喜歡我。」老實說，那時候我心想：「慘了，來了個不好惹的老師！」

然而，上老師的課1個多月後，我逐漸感受到他的厲害之處。數學一直是我的弱項，但老師講什麼我都聽得懂。

而且從外表完全看不出來，他寫得一手漂亮的板書。或許是因為這樣，上課內容特別容易吸收，我變得非常喜歡上這位老師的課。

一直以來，我都不太信任所謂的「老師」，只有這位年輕老師是例外。

每次休息時間找他問問題，他絕對都會認真回答我，不像其他老師可能會用

「我正在忙，你等一下再來」等理由打發我，這位老師從來沒說過這種話。

雖然他非常重視成績，是個相當嚴厲的老師，但在不知不覺間，我對他的信賴早已凌駕於恐懼。

就這樣，我萌生出「我也想當老師」的念頭，因為**「我想成為像這位老師一樣的大人」**。而這正是一切的開端。在那之後，我提升了20分的偏差值，考進第一志願的大學，順利考取數學科的教師證。

■ 也要學習聰明友人的從容不迫

說起適合當成目標的對象，我們都有機會遇到像少女漫畫的男主角般，不但書讀得好，又是社團紅人，既帥氣又溫柔，看似完美無缺的同學。

相信有些孩子會拿自己跟這些人比較後感到自卑。老實說，你跟這些人最大的差別，既不是外貌，也不是運動神經，而是**「有沒有自信」**。他們展現出的從容不迫的帥氣模樣，正是源自這份自信。

看似完美無缺的孩子，絕對都付出了某些不為人知的努力，才得到眼前的結果。而這份結果也為他們更添自信。

像這樣**養成從容的態度後，對任何人都能展現出溫柔的一面，也會更有動力精進自我**。

這份從容對大人來說也相當重要。也就是說，大家正處於培養寬容肚量以獲得這份從容的階段，而認真讀書正是培養寬容肚量的方法之一。

因此，希望大家能善加利用本書跟我的影片，幫助自身成長。

我最早在Youtube上傳教學影片的契機，是想幫助那些想補習但補不了的孩子。這些孩子就算想奮發向上，也很難靠自己抓住成長的機會。

家庭所得的差距造就孩子們教育資源的差異。這項事實擺在眼前，儘管理智上能理解，情感上依然難以釋懷。

我認為應該要為孩子們提供免費的教育資源，讓他們有辦法自行選擇。透過Youtube平台免費學習，正是能實現此理想的方法。

如今，教育型Youtube頻道的知名度逐漸攀升，各大媒體開始介紹我的頻道，稱之為專為國中生量身打造的學習工具。

身為炒熱這個新型態教育領域的其中一員，我也希望能繼續盡一份心力。

2020年12月

教育型Youtuber 葉一

葉一（Haichi）

教育型Youtuber。兩個孩子的父親。從東京學藝大學畢業後，曾任業務員、補習班講師，現已自立門戶。憑著一股「想為無法補習的學生打造能在家聽課的環境」的熱忱，從2012年6月開始經營Youtube頻道《某個男人試著教課》（とある男が授業をしてみた），提供完全免費的教學影片。影片內容廣泛涵蓋國小、國中、高中的重點科目及單元，利用這些影片進行在家學習的學生接二連三考上志願學校。親切、細心、值得信賴的形象和簡潔明瞭的教學影片博得高人氣，頻道訂閱人數突破113萬人，影片累積觀看次數超過3億次（截至2020年12月）。本人也經常在電視等媒體露面。著作包括《合格に導く最強の 略を身につける！一生の武器になる勉強法（暫譯：培養順利合格的最強戰略！一生受用的學習法）》（KADOKAWA）等。

國家圖書館出版品預行編目資料

中學生 高分讀書法 /
葉一著 ; 張翡臻譯 . -- 初版 . -- 臺北市 :
三采文化股份有限公司 , 2022.12
面 ; 公分 . -- (Mind Map ; 250)
ISBN 978-957-658-984-3 (平裝)

1.CST : 學習方法 2.CST : 讀書法

521.1 111017470

suncolor 三采文化集團

Mind Map 250

中學生 高分讀書法

作者 | 葉一 譯者 | 張翡臻
主編 | 喬郁珊 版權選書 | 劉契妙 美術主編 | 藍秀婷 美術副主編 | 謝孃瑩
封面設計 | 莊馥如 內頁排版 | 菩薩蠻數位文化有限公司

發行人 | 張輝明 總編輯長 | 曾雅青 發行所 | 三采文化股份有限公司
地址 | 台北市內湖區瑞光路 513 巷33號 8 樓
傳訊 | TEL:8797-1234 FAX:8797-1688 網址 | www.suncolor.com.tw
郵政劃撥 | 帳號 : 14319060 戶名 : 三采文化股份有限公司
初版發行 | 2022 年 12 月 9 日 定價 | NT$350
5刷 | 2024 年 2 月 20 日

JUKU E IKANAKUTEMO SEISEKI GA CHO UP! JITAKU GAKUSHU NO KYOKASHO

suncolor